논어선독

論語選讀

學而時習之, 不亦說乎?
有朋自遠方來, 不亦樂乎?
人不知而不慍, 不亦君子乎?

배우고 때때로 익히면 또한
기쁘지 아니한가?
벗이 멀리서 찾아오면 또한
즐겁지 아니한가?
남이 알아주지 않아도 성내지
않으면 또한 군자가 아닌가?

論語名句七十選

이육화 편저

신아사

머리말

한 병원 현관 앞 주차장에 주차를 하다가 바위 돌 같은 標識石(표지석)에 "啐啄同時(줄탁동시)"라고 새겨져 있는 큼지막한 글귀를 발견하고는 진료실까지 가는 동안 그 뜻을 되새기면서 고개를 끄덕인 적이 있다.

"啐啄同時"는 병아리가 알에서 나오기 위해서는 새끼와 어미닭이 안팎에서 서로 쪼아야 한다는 뜻이다. 원래는 중국 민간에서 전해지는 말인데, 佛家(불가)의 禪宗(선종)에서 깨우침의 話頭(화두)로 쓰이는 말이라고 한다. 알 속에서 자란 병아리는 부리로 껍질 안쪽을 쪼아 알을 깨고 세상으로 나오려고 하는데, '啐(줄)'은 바로 병아리가 알 껍질을 깨기 위하여 쏘는 것을 가리킨다. 어미닭은 품고 있는 알 속의 병아리가 부리로 쪼는 소리를 듣고 밖에서 알을 쪼아 새끼가 알을 깨는 행위를 도와주는데, '啄(탁)'은 어미닭이 알을 쪼는 것을 가리킨다. 여기서 알껍데기를 쪼아 깨려는 병아리는 학문의 정진과 큰 뜻을 세우기 위하여 앞으로 나아가려는 어린아이이고, 어미닭은 병아리에게 앞으로 나아가는 방법을 일러주는 스승이라고 할 수 있다. 그런데 병아리와 어미닭이 동시에 알을 쪼기는 하지만, 어미닭이 병아리를 세상 밖으로 나오게 하는 것은 아니다. 어미닭은 다만 알을 깨고 나오는 데 작은 도움만 줄 뿐, 결국 알을 깨고 나오는 것은 병아리 자신인 것이다.

이는 스승은 깨우침의 계기만 제시할 뿐이고, 나머지는 제자가 스스로 노력하여 깨달음에 이르러야 함을 의미한다. 마찬가지로 의사가 있는 힘을 다하여 환자를 보살피고 치료를 한다 해도 환자 본인이 낫고자 하는 의지가 없고 그에 따른 뼈를 깎는 노력이 없다면 治癒(치유)는 기대할 수가 없는 것이다.

滴水穿石(적수천석)이란 말도 있다. 즉 '처마의 물방울이 바위를 뚫는다'라는 말이다. 아무리 좋은 교재가 있고 훌륭한 스승에게 가르침을 받는다 할지라도 본인의 노력과 의지가 없다면 단 한 글자도, 단 한 발자국도 앞으로 나아갈 수가 없는 것이다. 한 글자 한 글자 익히고 또 익혀가노라면 큰 강물이 되고 큰 바다를 이룰 수 있을 것이다.

지난 몇 년간 '논어의 이해'라는 교양강좌를 개설하여 어떻게 하면 요즘 세대들에게 한자를 읽히게 하고, 우리 마음 깊숙이 자리 잡고 있는 유가의 사상, 즉 공자의 말씀을 쉽게 이해시킬 수 있는 방법이 있는가를 생각하였다. 이에 틈틈이 여기저기서 선현들이 집대성한 자료를 찾고, 또한 쉽고도 바로 이해될 수 있는 선학들의 글을 마치 자신의 것인냥 가져다 썼다. 각종 서적은 물론이고 인터넷과 紙上에서 발표되고 있는 사설과 평론 또는 개인의 주장까지도 공자의 말씀을 이해하는데 도움이 된다고 생각이 들면 인용하고 또 그대로 옮겨 사용하였음을 밝힌다.

2014년 여름 光州 大洲軒에서

五垠 李陸禾 識

일러두기

현존하는 《論語》는 총 20篇(편)에 492章(장) 글자 수로는 약 15,900字(자)에 이른다고 한다. 총 492章(장)에 달하는 孔子(공자)의 말씀은 한 장 한 글자 모두가 우리가 새겨들어야 할 名言(명언)이고 箴言(잠언)이다. 《論語》 총 20편 492章 가운데, 70章을 精選(정선)하여 최대한 쉽게 풀이를 하고, 또한 여기저기서 先學(선학)들의 高見(고견)을 그대로 가져다가 《論語選讀》이라는 책 제목으로 편찬하였다. 원래는 100문장을 계획하였는데 한 학기 교양 과목 교재용으로 70章 정도면 무난하다고 보았다. 선택의 기준은 사람에 따라 다르겠지만, 필자는 일상생활에서 흔히 접할 수 있는 《論語》의 名句가운데, 쉽고 간결하고 그리고 현재 우리에게 한 번쯤은 깊이 생각하고 돌아볼 수 있는 교훈적인 말씀을 골랐다.

《論語》는 공자 일생의 어록이다. 간혹 제자들의 견해를 볼 수 있지만, 대부분의 공자 일생의 자서전이라고도 볼 수 있다. 이에 제2장의 孔子의 생애(生涯)에서는 사마천(司馬遷) 史記(사기)의 '孔子世家(공자세가)' 전문을 실었다. 孔子世家(공자세가)는 제3자에 의하여 서술된 공자의 자서전이지만, 공자가 태어나서부터 돌아가실 때까지의 행적을 한 편의 영화처럼 생동감

있게 적고 있다. 필자는 史記(사기)의 '孔子世家(공자세가)'를 한 번은 읽어야만 단편적인 論語의 문장을 이해할 수 있고, 성인이 아닌 인간 공자를 피부로 느낄 수 있다는 생각에 긴 지면을 할애하여 전문을 실었다. 원문은 난해하고 어렵다. 이에 필자는 가능하면 쉽게 그러나 원문에 충실하게 전문을 한글로 번역하고 주를 달아 실었다.

《論語》에 대한 譯註書(역주서)는 동서고금을 통틀어 몇 백 종에 이를 것이다. 이천 오백년의 장구한 세월이 흐르고 헤아릴 수 없는 수많은 사람들이 《論語》를 읽고 연구를 하였지만 지금도 《論語》에 대한 이론이 가시지 않고 있다. 본 편저서인 《論語選讀》은 연구용의 학술서적은 아니다. 단지 대학에서 대학생을 상대로 漢字(한자) 익히기와 동양고전의 교양함양을 위한 槪論書(개론서)에 불과할 뿐이므로 더 깊고 자세히 공부하고 싶다면 아래의 역저를 비롯한 선학들의 역저들을 참고하기를 바란다. 이 책 또한 아래의 역저를 참고하였고, 이밖에 인터넷 네이버 등에서 선학들의 고견과 글을 인용하고 나열하였다.

【주요참고 문헌】

金都鍊 譯註《朱註今譯 論語》(玄音社, 1990년)

楊伯峻 編著《論語譯注》(源流出版社, 1982年)

김용옥 지음《도올논어》(통나무, 200年)

朱熹 撰《四書章句集注》(中華書局, 1983年)

李里 著《論語講義》(廣西師範大學出版社, 2007年)

차례

제3장

論語 精選

논어선독

論 語 選 讀

論語名句七十選

제1장 論語 序說(서설)

1. 『論語』의 내용

후한(後漢)[1]의 반고(班固 32~92)[2]는 그의 『한서(漢書)』[3] 예문지

1) 한(漢 B.C. 202 - A.D. 220)은 진(秦)에 이어지는 중국의 통일왕조로 서한(西漢 B.C. 202년 - A.C. 9년)과 동한(東漢 A.C. 25년 - 220년) 두 시기로 나눠진다. 西漢은 한고조(漢高祖) 유방(劉邦)이 세운 나라로 장안(長安)을 수도로 하여 전한(前漢)이라고도 한다. 東漢은 한광무제(漢光武帝) 유수(劉秀)가 재건하여 수도를 동쪽의 낙양(洛陽)으로 이전한 시기를 말하는 것으로 후한(後漢)이라고도 한다. 중간에 왕망(王莽)이 신(新 8년-22년)이라는 나라를 세워 漢王朝의 계승이 잠시 중단되었다.

2) 중국 후한(後漢) 초의 역사가. 자는 맹견(孟堅). 아버지(班彪)가 사망한 뒤 고향에 돌아와 아버지의 뜻을 이어받아 전한(前漢)의 역사서인 《한서(漢書)》의 저술에 착수했으나 국사(國史)를 개작한다는 의심을 받아 투옥되고 가서(家書)를 몰수당했다. 동생(班超)이 명제(明帝)에게 변호하여 그 진의가 밝혀져서 이에 난태영사(蘭台令史)의 벼슬을 받고, 진종(陳宗)·윤민(尹敏)·맹이(孟異) 등과 함께 《세조본기》를 편술하였다. 20여 년의 세월을 소비하여 완성시킨 필생의 대저. 《한서》는 사마천의 《사기(史記)》에 계속되는 중국의 정사(正史)의 기준이 되어왔다. 그는 사마천(司馬遷)과 비견되고 있다. 뒤에 화제(和帝) 때 대장군 두헌(竇憲)을 따라 흉노 정벌에 종군했다가 실패하여 투옥, 옥사하였다.

3) 12제기(帝紀) 8표(表) 10지(志), 70열전(列傳)으로 전 100권으로 이루어

(藝文志)[4]에서 『論語』에 대해서 다음과 같이 설명하고 있다.

> 『論語』란 공자가 제자들과 당시 士林들에게 응답한 것과 제자들이 서로 말을 주고받고 공자에게서 들은 것에 관한 말들이다. 당시의 제자들은 제각기 기록해 놓은 것이 있었는데, 공자께서 돌아가신 뒤에 문인(門人)들이 서로 모아 편찬(編纂: 자료를 모아 책으로 만듦)하였으므로, 이것을 『논어(論語)』라 부른 것이다.

그처럼 『論語』에는 공자와 그의 집단에 관한 직접적인 기록이 모아져 있으므로, 다른 어떤 전적(典籍)보다도 孔子와 그의 유가사상(儒家思想)을 이해하는 데 중요한 자료가 될 수밖에 없었다. 따라서 『論語』는 본시 孔子가 제정한 육경(六經)[5] 속에는 끼지 못하던, 말하자면 본격적인 유가(儒家)의 경전이 아닌데도, 어떤 경전보다도 더 널리 익혀 오고 중시되어 온 것은 그 때문이다. 『論語』는 중국뿐만 아니라 우리나라를 비롯하여 일본, 베트남의 나라들까지도 널리 읽혀졌다. 한 세대 이전까

졌다. 《전한서(前漢書)》 또는 《서한서(西漢書)》라고도 한다. 사마천(司馬遷)의 《사기(史記)》와 더불어 중국 사학사상(史學史上) 대표적인 저작이다.

4) 예문지(藝文志): 정사(正史) 기록 가운데 당시에 있었던 서적의 목록을 수록한 책. 중국 한(漢)나라의 반고(班固)가 유흠(劉歆)의 《七略》에 근거하여 지은 《漢書藝文志(한서예문지)》가 대표적이다.

5) 육경(六經): 역경(易經), 서경(書經), 시경(詩經), 예기(禮記), 악기(樂記), 춘추(春秋).

지만 하더라도 우리나라나 일본의 공부한 사람들 중에는 『論語』 원문 전체를 완전히 외우는 사람들이 상당히 많았을 정도이다. 지금은 여러 나라 말로 번역되어 거의 온 세계에서 읽혀지고 있는 책이 되었으니, 유교의 경전 중에서 가장 세계적인, 온 인류의 古典으로 화한 책이라고도 할 수 있는 것이다.

『論語』는 도합 20편의 글로 이루어져 있는데, 각 편의 제명(題名)은 그 편의 첫 구절에서 적당히 두세 자를 따서 붙인 것이다. 따라서 대체로 각 편의 제명은 그 편의 내용과 큰 관련이 없을뿐더러, 심지어는 첫머리 학이(學而)편처럼 구체적인 뜻을 이루지 못하는 경우도 많다. 이것은 『論語』 이외에도 『시경(詩經)』[6] 등 中國의 옛 전적에서 흔히 볼 수 있는 현상이다.

6) 중국 최고(最古)의 시집(詩集)이다. 주(周)나라 초부터 춘추(春秋) 시대까지의 시 305편을 수록하고 있다. 본래 3,000여 편이었던 것을 공사가 311편으로 간추려 정리했다고 알려져 있지만, 오늘날 전하는 것은 305편이다. 『시경』 305편은 풍(風)·아(雅)·송(頌) 세 부분으로 나누어진다. 풍(風)은 국풍(國風)이라고도 하며 여러 제후국에서 채집된 민요 민가이다. 사랑의 시가 대부분으로, 남녀간의 애틋한 정과 이별의 아픔 등이 아주 원초적인 목청으로 소박하게 그려져 있다. 아(雅)는 대아(大雅)와 소아(小雅)로 나누어진다. 궁궐에서 연주되는 곡조에 붙인 가사로 귀족풍을 띠고 있다. 송(頌)은 종묘의 제사에 쓰이던 악가(樂歌)로, 주송(周頌)·노송(魯頌)·상송(商頌)이 있다. 고대 제왕들은 먼 지방까지 채시관(採詩官)을 파견해 거리에 나돌고 있는 노래며 가사들을 모아 민심의 동향을 알아보고 정치에 참고로 삼았다고 하며, 조정의 악관(樂官)에게 곡조를 붙이게 해 다시 유행시킴으로써 민심의 순화에 힘썼다고 한다. 악보가 전해지지 않아 시의 곡조는 알 수 없

각 편에는 다시 공자와 그의 제자 또는 당시 사람들의 단편적인 언행이나 대화를 적은 글들이 모아져 있다. 내용상 각 편의 장들은 앞뒤장과 아무런 관련이 없는 것들이 대부분이며, 따라서 각 편에 따른 통일된 주제도 있을 수가 없게 된다. 편에 따라 그 내용에 두드러진 특징이 있는 경우는 많지만, 한마디로 『論語』의 편찬에는 아무런 체계도 없다 하여도 좋을 것이다.

『論語』의 대부분이 단편적인 대화와 간단한 행동에 대한 서술로 글이 이루어져 있으나, 제10편 향당(鄕黨)의 경우처럼 처음부터 끝까지 전편이 공자의 생활습성이나 몸가짐에 대한 기술로 이루어진 부분도 있다. 심지어는 제18편 미자(微子)와 20편 요왈(堯曰)의 몇 장(章)들처럼 누가한 말인지 분명치 않은 글들조차 들어 있다.

다. 공자(孔子)는 만년에 제자를 가르치는 데 있어 육경(六經) 중에서 시를 첫머리로 삼았다. 시는 인간의 가장 순수한 감정에서 우러난 것이므로 정서를 순화하고 다양한 사물을 인식하는 데는 그 만한 전범(典範)이 없다고 생각하였기 때문이다. 공자는 "시 300편을 한 마디로 말하면 생각에 사악함이 없다(思無邪)."라고 하였고, 아들 백어(伯魚)에게는 "『시경』의 주남(周南)과 소남(召南)을 공부하지 않으면 마치 담벼락을 마주하고 서 있는 것과 같다."라고 하면서 시 공부를 권하였다.

2. 『論語』의 편찬

『論語』는 언제 누구에 의하여 편찬된 책인가? 이 문제에 관하여 가장 빠른 기록은 한(漢)대의 유향(劉向 B.C.77~6)이 그의 『별록(別錄)』에서 "공자의 제자들이 훌륭한 말씀을 기록한 것"이라 한 것이다. 그 뒤로 『論語』는 "공자의 문도(門徒)들이 함께 찬록(撰錄)[7]한 것"이라는 주장과 『論語』의 편찬자는 증자(曾子)의 문인(門人)인 악정자춘(樂正子春)과 자사(子思)의 무리라는 주장, 또는 증자는 전국(戰國) 초년에 죽었으니 『論語』는 전국시대(春秋戰國)[8]에 이루어진 것임이 분명하다는 주장이 있다.

그런데 『論語』 20편은 앞 10편과 뒤 10편이 내용상 성격에 차이가 나고, 그 문장의 형식이나 어법까지도 다르다는 것은,

---

7) 찬록(撰錄): 학문이나 문예 따위의 글을 짓거나 골라 모아서 기록함.

8) 춘추전국시대(春秋戰國時代): B.C. 8세기에서 B.C. 3세기에 이르는 중국 고대의 변혁시대. B.C. 770년, 주(周)왕조가 낙양(洛陽)으로 천도하기 이전의 시대를 서주(西周)시대, 이후를 동주(東周) 시대라고 한다. 동주시대는 또 춘추(春秋) 시대와 전국(戰國) 시대로 나누어진다. 춘추시대는 주왕조가 도읍을 옮긴 때로부터 진(晉)나라의 대부(大夫)인 한(韓)·위(魏)·조(趙) 삼씨가 진나라를 분할하여 제후로 독립할 때까지의 시대를 말한다(B.C. 403년). 전국시대는 그 이후부터 진(秦)나라가 천하를 통일한 B.C. 221년까지이다. 춘추(春秋)는 공자(孔子)가 엮은 노(魯)나라의 역사서인 《춘추(春秋)》에서 유래되었고, 전국(戰國)은 한(漢)나라 유향(劉向)이 쓴 《전국책(戰國策)》에서 유래되었다.

이것들이 한때 한 사람에 의하여 이루어진 것이 아님을 뜻한다할 것이다. 이에 따라 많은 학자들이 이『論語』의 내용에 따른 작자의 고증을 꾀하였는데, 그중 가장 자세한 것이 청(淸)대의 최술(崔述, 1740~1816)의 논증이라 할 것이다. 그는『수사고신록(洙泗考信錄)』과『논어여설(論語餘說)』에서『論語』속에 실려 있는 의심스런 기록들을 고증하는 한편, 그 내용을 바탕으로 하여『論語』의 편자(編者)에 대하여 다음과 같이 결론을 내리고 있다.

곧『論語』20편 중 앞 10편만이 유자(有子)와 증자(曾子)의 문인들이 기록한 것이어서, 공자와의 시대가 그다지 멀지 않으므로 예제(禮制)가 분명하다. 뒤 10편은 후세 사람들이 속기(續記)한 것이기 때문에 세도가들이 날뛰던 때라 시대의 영향을 받아 제도에 관한 말에 이동(異同)이 생기게 되었다는 것이다. 뒤의 10편은 다시 앞쪽의 5편과 뒤쪽의 5편의 성격이 다른데, 끝머리 5편을 보면 자장(子張)편에는 오로지 제자들의 말만이 기록되어 있다. 특히 이 끝머리 5편은 앞 15편과 문체가 두드러지게 다르고, 앞에서는 공자의 말을 모두 "자왈(子曰)"로 인용하고 있는데 비하여 "공자왈(孔子曰)"이란 말을 많이 쓰고 있고, 공자의 호칭을 부자(夫子) 이외에 중니(仲尼)라 하기도 하고, 또 공구(孔丘)라 호칭한 곳조차도 있다. 따라서 끝머리 5편은 더욱 후세에 붙여진 것임이 분명하다는 것이다. 곧『論語』는 앞 10편이 정편(正編)이라면, 뒤 10편 중 다시 앞머리 5편은 속편(續編)의 성격을 지녔고 끝머리 5편은 잡편(雜編)의 성격을 지녔다고 본 것이라 하겠다.

근세의 학자들은 각자의 입장에 차이가 있기는 하나 최술의 견해를 정면으로 부정하는 이는 없다. 그러니 『論語』란 한 때 한 사람에 의하여 이루어진 책은 결코 아니라 보아야 할 것이다. 공자가 죽은 뒤 그의 제자들이 기록을 모아 이루어 놓았던 것을 근거로 하여, 전국시대를 통하여 여러 곳에서 여러 사람들의 손에 의하여 더 보태어지고 다듬어진 끝에, 우리가 지금 보는 것과 같은 『論語』는 한(漢)대에 완성된 것으로 보아야만 할 것이다.

3. 『論語』란 말 뜻

앞에서 인용한 『한서(漢書)』 예문지에서는 『論語』란 대체로 공자와 관계가 있는 '말(語)'을 뒤에 그의 문인들이 모아 '논찬(論纂)'하여 이룩한 책이란 뜻에서 『論語』라 부르게 된 것처럼 설명하고 있다. 『論語』가 성인 孔子의 사상을 가장 직접적으로 전하는 중요한 경전으로 존중되면서 이 제명에 대한 해석도 여러 가지로 복잡해졌다.

원(元)초의 하이손(何異孫)은 『논어문대(論語問對)』에서 "『論語』란 무엇인가?"란 물음에 다음과 같이 대답하고 있다.

이는 공문(孔門)의 스승과 제자가 글 뜻을 토론한 언어(言語)이다. 제자가 선생님 말씀을 기록한 것이 있고, 선생님이 제자의 물음에 대답한 것이 있고, 제자들 자신이 서로 문답한 것이 있고, 또 그때 사람들이 서로 이야기한 것이 있고, 신하가 임금의 물음에 대답한 것이 있고, 스승과 제자가 대부(大夫)[9]의 물음에 대답한 것이 있는데, 모두 글 뜻을 토론하는 방법이 있었으며, 그래서 이것을 『論語』라 하는 것이다.

이렇게 보면 『論語』란 말에 대한 간단한 해석으로는, 『한서』 예문지의 경우처럼 孔子가 죽은 뒤 스승에 관한 말을 그 문인들이 논의하여 편찬한 것이라는 방향과, 하이손의 경우처럼 공문(孔門)에서 스승과 제자들이 토론한 말이라 보는 방향의 두 가지가 된다. 따라서 이 뒤로는 모두 이중 한 가지 방향을 취하여 『論語』란 말뜻을 해설하고 있다. 『論語』란 孔子와 그의 제자들이 토론한 말을 기록한 것이기도 하지만, 후세에 그의 제자들이 오랜 세월을 두고 여러 차례 논찬을 하여 이룩하여 놓은 뜻하기도 한다고 보아야 할 것이다.

9) 대부(大夫): 중국(中國)에서 관위(官位)의 이름. 주(周)나라 때에는 경(卿)의 아래, 사(士)의 위의 집정관(執政官)으로, 상대부(上大夫)· 중대부(中大夫)· 하대부(下大夫)의 세 등급(等級)으로 갈린다.

4. 『論語』에 대한 중국의 평가

현대에 들어와서 중국에 있어서는 철저한 배격의 대상이 되었다. 특히 1919년 5·4운동(五四運動)[10]을 전후하여 『신청년(新靑年)』지를 중심으로 활약했던 지식인들에게 그 경향이 뚜렷하였다. 『신청년』은 1915년 상해에서 진독수(陳獨秀, 1880~1942년)[11]에 의하여 창간되었는데, 그는 창간호의 「청년들에게 고함」이란 글에서 이미 "노예적, 보수적, 퇴영적, 쇄국적, 허식적, 공상적"인 것을 철저히 배격하며, 그러한 사상의 원흉인 유교를 반대하여 많은 사람들의 공감을 얻었다. 이에 호응하여 전현동(錢玄同, 1897~1938년)[12]은 "삼강오륜(三綱五倫)의 노예도덕을

---

10) 중국 베이징(北京)에서, 1919년 5월 4일에 일어난 전국적인 반제·반군벌 민중 운동. 파리 강화 회의에서 일본의 대 중국 21개 조항의 요구를 승인한 데 반대하여 학생들이 데모를 일으킨데서 발단하였는데, 중국의 신민주주의 혁명의 출발점이 되었다.

11) 陳獨秀: 중국의 사상가, 혁명가, 정치가. 베이징대학 문과대학장으로 1917년 후스[胡適]와 함께 백화문(白話文)을 제창하는 한편, 유교사상을 비판하는 글을 발표하였다. 진독수는 일본 및 프랑스에 유학하고, 1916년 상해(上海)에서 《신청년》 잡지를 발간, 문학혁명을 주창하여 '5·4운동'의 사상적 근거를 마련하였다. 1917년 북경(北京)대학 문과대학장으로 호적(胡適)과 함께 백화문(白話文)을 제창하는 한편, 《신청년》을 통하여 유교사상을 비판하는 글을 발표하였다.

12) 전현동: 중국의 언어학자 역사학자. 잡지 《신청년》 편집에 참가, 신문화운동에 공헌하였다. 중국전현동 어의 로마자화에 중요 역할을 하였다.

없애려 한다면 당연히 공학(孔學)을 철폐하는 게 유일한 방법이 될 것이다.", "중국을 망하지 않게 하고 중국민족으로 하여금 20세기의 문명한 민족이 되게 하려 한다, 반드시 공학(孔學)을 철폐하고 도교(道教)[13]를 멸망시키는 것으로써 근본적인 해결을 하여야 한다."고 하였다. 이때의 지식인들 중에도 자기네 전통문화나 孔子의 유교를 존중해야 한다고 맞선 사람들도

13) 무위자연설을 근간으로 하는 중국의 대표적인 민족종교이자 철학사상이다. 황제(黃帝)와 노자(老子)를 교조로 삼은 중국의 토착종교로, 노자와 장자(莊子)를 중심으로 한 도가(道家)사상과 구별된다. 도교는 후한(後漢)시대에 패국(沛國)의 풍읍(豊邑)에서 태어난 장도능(張道陵)이 세웠다고 전하며, 지금도 타이완(臺灣) 홍콩(香港) 등지에서 중국인 사회의 신앙이 되어 있다. 장도릉은 초기에 오경(五經)을 공부하다가 만년에 장생도(長生道)를 배우고 금단법(金丹法)을 터득한 뒤 곡명산(鵠鳴山)에 들어가 도서(道書) 24편을 짓고 신자를 모았다. 이때 그의 문하(門下)에 들어가는 사람들이 모두 5두(斗)의 쌀을 바쳤기 때문에 오두미도(五斗米道) 또는 미적(米賊)이라고도 불렀다. 장도릉이 죽자 아들 형(衡)과 손자 노(魯)가 그의 도술을 이어 닦았다. 장도릉 등이 도교를 일으킨 초기에는 그 신도들이 대부분 어리석었던 탓으로 종교라기보다도 일종의 교비(敎匪)에 지나지 않았다. 그러나 도교가 일반 민중뿐만 아니라 상류 지식층 사이에도 널리 전파되자 체계적인 교리와 합리적인 학설 교양의 뒷받침이 필요하게 되었다. 이와 같은 필요에 따라 도교가 하나의 종교로서 이론체계를 갖추기 시작한 것은 3~4세기 무렵 위양백(魏伯陽)과 갈홍(葛洪)이 학술적인 기초를 제공하면서부터였다. 그리고 구겸지(寇謙之)가 전래 종교인 불교의 자극을 받아 그 의례(儀禮)의 측면을 대폭 채택하고 도교를 천사도(天師道)로 개칭함으로써 종교적인 교리와 조직이 비로소 정비되었다.

많았다. 그러나 孔子의 권위를 업고 『論語』를 성전(聖典)으로 받들며 읽고 외우던 시대는 가버렸다.

한때 中日전쟁이 격렬해지자(1935) 국민당 정부는 민심을 통일하기 위하여 자기네 전통사상을 존중해야 한다는 정책 아래 공자묘(孔子廟)의 석전(釋奠)[14]을 국가적 행사로써 부활하는 한편, 공자의 적손(嫡孫)들을 예우한다는 정령(政令)을 발표하기도 했었다. 그러나 이러한 정책이 대세를 크게 만회하지는 못하였고, 1949년 대륙을 중공(中共)이 차지하면서 그것도 끝이 났다. 이제는 공자도 민족의 성사(聖師)로서 존중의 대상이었던 지위를 잃었으며, 따라서 『論語』도 다른 고전들과 같이 민족의 문화유산으로서 순전한 과학적인 연구대상으로 화하였다.

중국의 당 주석이었던 모택동(毛澤東)은 일찍이 레닌이 제시한 문화유산을 처리방법을 원용하여, 그 찌꺼기는 버리고 정

14) 석전(釋奠) : 文廟(문묘)에서 先聖(선성)과 先師(선사)에게 祭祀(제사)지내는 것으로 釋奠祭(석전제) 釋奠大祭(석전대제)라고도 한다. 조선시대에는 서기 1398년 태조 7년 성균관이 설립된 후로 매년 仲春(중춘) 2월과 仲秋(중추) 8월 첫 번째 丁日(정일)에 釋奠(석존)을 올렸으며 지방에서는 330여 개의 鄕校(향교)에서 成均館과 같이 매년 두 번씩 올리고 있다. 中國에서는 서기 1914년 釋奠을 祀孔(사공)이라 改稱(개칭)하여 봉행하였으나 지금은 전통이 단절되었으며 日本에서는 일부 地方의 孔子廟(공자묘)에서 행해지고 있을 뿐이며 韓國의 석전의식은 유교문화권인 東洋3國에서 가장 잘 이어져오고 있으며 儒林最大(유림최대)의 行事 가운데 하나이다.

화(精華)만을 취하여야 한다는 이른바 비판적 계승의 방법을 지시했었다. 봉건적인 찌꺼기는 버리고 인민적이고 진보적인 정화만을 가려 계승하라는 모택동 주석의 문화유산 정책을 전제로 할 때, 학자들이 孔子의 사상을 진보적이라는 시각과 국민들이 孔子를 숭배하는 현상은 중공 당국자들의 고민의 대상이 되었을 것이다. 아무래도 孔子의 유교사상과 공산주의 사상은 서로 어긋나는 점이 너무나 많기 때문이다. 이러한 공산주의 혁명이 안고 있는 문제들을 모조리 해결하기 위하여 발동한 것이 1966년부터 1976년 모택동이 죽기전까지 지속되었던 이른바 문화대혁명(文化大革命)[15]이었던 것이다. 그들은 아

15) 1966년부터 1976년까지 10년간 중국의 최고지도자 모택동(毛澤東)에 의해 주도된 극좌 사회주의운동. 문화대혁명은 모택동에 의해 주도된 사회주의에서 계급투쟁을 강조하는 대중운동이었으며 그 힘을 빌려서 중국공산당 내부의 반대파들을 제거하기 위한 권력투쟁이었다. 농업국가인 중국에서 과도한 중공업 정책을 펼쳐 정책 국민경제가 좌초되는 실패를 가져왔고 민생경제를 회복하기 위해 자본주의 정책의 일부를 채용한 정책이 실효를 거두면서 劉少奇(유소기)와 鄧小平(등소평)이 새로운 권력의 실세로 떠오르기 시작했다. 권력의 위기를 느낀 모택동은 부르주아 세력의 타파와 자본주의 타도를 외치면서, 이를 위해 청소년이 나서야 한다고 주장했다. 전국 각지마다 청소년으로 구성된 홍위병이 조직되었고 모택동의 지시에 따라 전국을 휩쓸어 중국은 일시에 경직된 사회로 전락하게 되었다. 마오쩌둥에 반대되는 세력은 모두 실각되거나 숙청되었고 마오쩌둥 사망 후 중국 공산당은 문화대혁명에 대해 '극좌적 오류'였다는 공식적 평가와 함께 문화대혁명의 광기는 급속히 소멸되었다.

무래도 지워지지 않고 남아 있는 이른바 봉건적·반민주적 요소들을 철저히 뿌리를 뽑아야만 했던 것이다. 여기에서 孔子나 『論語』는 두드러진 혁명의 대상이 되지 않을 수 없는 것이다.

그러나 모택동이 죽고 문화대혁명이 종결되자 1977년부터는 무조건 孔子를 부정하던 태도가 바뀌어 다시 문혁 이전 "비판적인 계승을 해야 한다."는 태도로 바뀌었다. 곧 문혁기간에 홍위병들에 의하여 파괴되었던 공자묘(孔子廟)도 모두 복구·수리되고, 또다시 孔子를 존중하는 중국인들의 전통은 표면화되기 시작하였다.

金學主 편저 論語(서울대학교출판부) 論語解題에서 발췌

아래의 주석 부분은 본 저자가 추가하였다.

제2장 司馬遷(사마천)[1] 《史記(사기)》[2]의 孔子世家[3]로 본 孔子의 생애(生涯)

1) 전한(前漢)의 하양(夏陽) 사람. 자는 자장(子長)이고, 사마담(司馬談)의 아들이다. 7살 때 아버지가 천문 역법과 도서를 관장하는 태사령(太史令)이 된 이후 무릉(武陵)에 거주하며 고문을 익혔다. 20살 무렵 낭중(郎中)이 되어 무제(武帝)를 수행하여 강남(江南)과 산동(山東), 하남(河南) 등지를 사신으로 다니면서 여행했다. 원봉(元封) 원년(기원전 110) 아버지가 죽으면서 『사기(史記)』의 완성을 부탁했고, 3년(기원전 108) 태사령이 되면서 황실 도서에서 자료 수집을 시작했다. 태초(太初) 원년(기원전 104) 역법(曆法)의 개혁에 참여했고, 당도(唐都), 낙하굉(落下閎) 등과 함께 『태초력(太初曆)』을 수정했다. 천한(天漢) 2년(기원전 99) 저술에 몰두하던 중 흉노(匈奴)의 포위 속에서 부득이 투항하지 않을 수 없었던 친구 이능(李陵) 장군을 변호하다 황제의 노여움을 사 남자로서 가장 치욕스러운 궁형(宮刑)을 받았다. 출옥한 뒤 중서령(中書令)에 올랐다. 정화(征和) 3년(기원전 90년) 『사기』(원래 이름은 『태사공서(太史公書)』)를 완성했다.

2) 중국 전한(前漢)의 사마천(司馬遷)이 上古時代의 황제(黃帝)~한나라 무제(漢武帝) 태초년간(B.C. 104~101년)의 중국과 그 주변 민족의 역사를 포괄하여 저술한 통사이다. 사기(史記)의 가장 큰 특색은 역대 중국 정사의 모범이 된 기전체(紀傳體)의 효시로서, 제왕의 연대기인 본기(本紀) 12편, 제후를 중심으로 한 세가(世家) 30편, 역대 제도 문물의 연혁에 관한 서(書) 8편, 연표인 표(表) 10편, 시대를 상징하는 뛰어난 개인의 활동을 다룬 전기 열전(列傳) 70편, 총 130편으로 구성되어 있다.

3) 세가(世家)는 제왕(천자나 황제)으로부터 영토를 받아 독립적으로 제후국을 이룬 제후 혹은 제후왕의 가계와 그들의 역사에 관한 기록이다. 사마천은 30세가 역시 12본기와 마찬가지로 시대 순서에 따라 배열

1. 탄생

孔子(공자)는 魯(노)[4]나라 창평향(昌平鄉) 추읍(陬邑)[5]에서 태어났다. 그의 선조는 송(宋)[6]나라 사람으로 공방숙(孔防叔)이다. 아버지 숙양흘(叔梁紇)[7]은 안씨(顔氏)와 야합(野合)[8]을 하여 공자를 낳았다. 니구(尼丘)라는 산에서 기도를 한 뒤, 공자를 얻게 되었다고 한다.[9] 노양공(魯襄公) 22년에 공자가 태어났다. 그가

해 놓았다. 공자는 비록 분봉(分封)을 받은 제후(諸侯)는 아니지만, 만인의 스승으로 추앙을 받는 등의 이유로 사마천은 공자를 제후의 예(禮)로 대우를 한 것이다.

4) 중국 주(周)나라 때, 지금의 산동성(山東省) 곡부(曲阜)에 도읍한 제후국(諸侯國).

5) 지금의 산동성(山東省) 곡부현(曲阜縣) 남쪽 22킬로 지점에 있는 추현(鄒縣).

6) 춘추(春秋) 12제후국의 하나로 주(周) 초기 성왕(成王) 때 은(殷)의 주왕(紂王)의 서형(庶兄)인 미자계(微子啓)가 은의 유민을 다스리기 위해 옛 도읍인 하남성(河南省)의 상구현(商丘縣)에 봉건(封建)된 데서 비롯되었다.

7) 숙량흘(叔梁紇)은 기원전 11세기 주(周)왕조의 제후국인 송(宋)나라 군주의 후예이다. 숙량흘은 노(魯)나라 창평 추읍(昌平陬邑)에서 무장(武將)으로 대부(大夫)의 벼슬을 하였다고 한다.

8) 야합(野合) : 예(禮)가 아닌 결합을 말한다.

9) 숙량흘(叔梁紇)에게는 시씨(施氏)로부터 딸 아홉을 얻었다. 이에 첩실(妾室)에게서 백니(伯尼)라는 아들을 두었으나 부실하였다고 한다. 숙량흘은 나이 72살에 18살인 안징재(顔徵在)를 취하여 공자를 낳았다고 한다.

태어났을 때 머리 중간이 움푹 패어 있었기 때문에 구(丘)라고 이름했다. 자(字)는 중니(仲尼)이고 성은 공씨(孔氏)이다.[10]

---

10) 孔子의 姓은 孔(공)이고 이름은 丘(구)이며 자(字)는 중니(仲尼)이다. 아버지인 숙량흘(叔梁紇)은 이름이 흘(紇)이고, 숙량(叔梁)은 자(字)인 것이다. 孔子의 조상 가운데 공(孔)을 성(姓)으로 삼은 것은 孔子가 처음이다. 공자 조상의 성은 孔이 아니라 자(子)이다. 공자는 자칭 은(殷)인이라고 하여, 조상이 殷의 유민임을 밝히고 있다. 상(商), 주(周)의 두 왕조의 姓은 '자(子)'와 '희(姬)'이다. 당시에는 여인은 姓을 따르고 남자는 姓으로 호칭을 하지 않았다고 한다. 중국에서는 성(姓)이 먼저 나타나고, 뒤에 씨(氏)의 구별이 나타났다. 성(姓)은 '여자[女]가 낳은[生] 자녀들'이라는 글자의 의미처럼 모계 씨족사회에서 동일한 모계(母系) 혈족(血族)을 구분하기 위해 나타났다. 때문에 '희(姬)', '사(姒)', '강(姜)', '영(嬴)' 등 초기의 성(姓)들에는 '계집 녀(女)' 자가 포함되어 있는 것들이 많다. 이러한 성(姓)은 부계사회(父系社會)로 바뀌면서 부계(父系) 혈통을 나타내는 것으로 쓰이게 되었는데, 종족(宗族)에 따라 자신들의 거주지나 숭배물 등을 성(姓)으로 삼기도 하였다. 이처럼 하나의 성(姓)에서 갈라진 계통의 구별을 나타내는 칭호를 씨(氏)라고 한다. 이러한 성(姓)과 씨(氏)의 구별은 하(夏), 상(商), 주(周) 3대(三代)와 춘추전국시대(春秋戰國時代, B.C. 770~B.C. 221)에 이르기까지 뚜렷하게 나타났는데, 당시 귀족들은 분봉(分封) 받은 국읍(國邑)의 지명(地名)이나 관직(官職), 조상의 자(字)나 시호(諡號), 작위(爵位), 거처(居處) 등을 씨(氏)로 하는 경우가 많았다. 그러다보니 부자(父子) 사이에도 성(姓)은 같지만 씨(氏)가 다른 경우가 생겼고, 성(姓)이 다른데도 씨(氏)는 같은 경우도 나타났다. 그래서 성(姓)이 같으면 결혼을 하지 않았고, 씨(氏)가 같아도 성(姓)이 다르면 결혼을 할 수 있었다. 孔子의 孔은 씨(氏)에서 姓으로 정착이 된 것은, 孔子의 선조인 공부가(孔父嘉)가 송(宋)나라에서 공(公)의 대열에 올라 '孔'이 씨(氏)의 시조가 되었고, 孔子가 姓으로 쓰면서 孔이 姓으로 쓰이게 된 것이

2. 청소년기

공자가 태어난 후 3년 뒤에 아버지 숙양흘(叔梁紇)이 세상을 떠나 방산(防山)에서 장사(葬事)를 지냈다. 방산은 노나라 도성(都城)의 동쪽에 있는 곳으로, 공자는 아버지의 묘소가 어디에 있는지 몰랐다. 어머니가 나이가 어렸고, 당시 그곳의 풍속에는 장지(葬地)까지 따라갈 수가 없었기 때문에 어머니도 확실하게 말을 해주지 못했다.

공자는 어려서 소꿉장난을 할 때, 늘 제기(祭器)를 펼쳐놓고 어른들의 제사 흉내를 내곤하였다. 공자는 어머니가 죽자 도성(都城)의 오보지구(五父之衢)[11]라는 길가에 임시로 묘[12]를 썼다. 이는 후일을 기약(부모를 함께 매장하는 풍속을 지키기 위해서)하려는

다. 예를 들어 공자의 아들은 공리(孔鯉)이고, 손자는 공급(孔伋)이며 증손자는 공백(孔白), 현손자는 공구(孔求)이다. 그러나 춘추전국시대(春秋戰國時代)에 이르러 종법(宗法) 제도가 무너지면서 성씨(姓氏) 제도에도 근본적인 변화가 나타났다. 종족(宗族)의 유대와 연결 관계가 약해지면서 씨(氏)가 성(姓)처럼 변화하기 시작했으며, 전국시대 이후에는 평민(平民)의 지위가 상승해 그들도 성(姓)을 지니기 시작했다. 결국 진(秦), 한(漢) 시대 이후에는 성(姓)과 씨(氏)의 구별이 점차 사라져 하나의 의미로 쓰이게 되었다.

11) 곡부성내의 무당들이 모여 살던 동네 이름이라는 설도 있다. 어머니 안(顔)씨는 무당이였다고 한다.

12) 原文의 '殯(빈)'은 장사를 지내기전 시신을 관에 넣어 일정한 곳에 잠시 안치함을 말한다.

신중한 생각에서 비롯된 것이다. 후에 같은 동네에 사는 만보(輓父)의 어머니가 공자 아버지의 묘소를 알려주어, 비로소 어머니를 방산에 이장하여 아버지와 합장(合葬)을 했다.

공자가 아직 상복을 입고 있을 때, 계씨(季氏)[13]가 선비들에게 연회를 베풀었다. 공자도 참석하러 갔다. 계씨(季氏)의 가신(家臣)인 양호(陽虎)가 가로막고 말했다. "계씨는 선비들에게 연회를 베풀려고 한 것이지, 당신을 위한 잔치는 아니요!" 공자는 쫓겨나고 말았다.

공자 나이 17세 때의 일이다. 대부 맹리자(孟釐子)가 병이 나서 곧 죽게 되었을 때, 그는 후계자인 의자(懿子)에게 당부하였다. 「공구(孔丘)는 성인의 후손이다. 그 조상은 송나라에 있을 때 화를 당했다. 그 조상 불보하(弗父何)는 원래 송나라의 후계자였으나, 아우 여공(厲公)에게 양보했다. 불보하(弗父何)의 증손인 정고보(正考父)는 대공(戴公), 무공(武公), 선공(宣公) 삼대를 섬겨 上卿(상경)의 직위에 이르렀다. 매번 명을 받을 때마다 더욱 공손했다고 한다. 정(鼎)에 새겨놓은 명문(銘文)에 다음과 같을 글을 볼 수 있다: "첫 번째 명을 받았을 때는 몸을 숙였고, 두 번째 명에는 허리를 굽혀 절을 하였고, 세 번째 명에는 더욱 허리를 굽혔다. 길을 걸을 때는 담장을 바짝 따라 길을 걸어도 누구도 감히 나를 경멸하려하지 않았다. 이 솥에 풀과 죽을 쑤

13) 노(魯)나라의 조정 실세인 계손자(季孫子)를 말함이다.

어서 청렴하게 살아왔다." 그 공손함이 이와 같았다. 내가 듣기로 성인의 후손은 비록 임금의 지위에 오르지는 못해도 반드시 재덕(才德)을 겸비한 사람이 나타난다고 한다. 지금 공구(孔丘)는 나이는 어리나 박학호례(博學好禮)하니, 그가 바로 이러한 사람이 아니겠느냐? 내가 죽거든 너는 반드시 그를 스승으로 모시고 배워야 한다.」 이자(釐子)가 죽자 의자는 자신의 동생 남궁경숙(南宮敬叔)과 더불어 공자를 찾아가 예를 배웠다. 이해에 계무자(季武子)가 죽고 계평자(季平子)가 대를 이어 경(卿)의 자리에 올랐다.

3. 장년기

공자는 가난하고 사회에서의 지위가 천했다. 장성하여 일찍이 창고지기를 한 적이 있었는데, 창고의 출납이 공평했다고 한다. 또 그는 가축을 기르는 목장에서 작은 직책을 맡았는데, 목장의 가축은 번성했다고 한다. 나중에는 건축을 관리하는 사공(司空)이라는 벼슬도 하였다. 그 후 얼마 되지 않아 노나라를 떠났다. 제(齊) 나라에서 배척을 당하고, 송과 위(衛) 나라에서 쫓겨나고, 진(陳)과 채(蔡) 나라 사이에서 곤궁에 빠지자 결국은 노(魯)나라로 되돌아왔다. 공자는 키가 9척 6촌이어서 사람들이 모두 그를 '키다리(長人)'라고 부르고, 그를 괴이한 눈초

리로 쳐다보았다.

노(魯)나라 사람 남궁경숙(南宮敬叔)이 노나라 군주에게 말했다. "공자가 주(周)나라에 갈 수 있도록 배려하여 주시기를 청합니다." 이에 노나라 군주는 그에게 수레와 말 두 필, 시종 한 명을 주어 주(周)나라에 가서 예(禮)[14]를 배우게 했다. 이 시기에 노자(老子)를 만났다고 한다. 노자는 작별을 고하는 공자에게: 「내가 들으니 부귀한 자는 사람을 전송할 때 재물로써 하고, 어진 자는 사람을 전송할 때 말로써 한다고 합니다. 나는 부귀하지 못하나 내가 인자(仁者)라는 명칭을 도용하여 몇 마디의 말로 전송을 대신 하겠습니다: "총명하고 깊게 관찰하는 사람에게 죽음의 위험이 따르는 것은, 이는 남을 잘 비판하기 때문이요, 많은 지식을 지니고 재능이 뛰어난 사람은 그 몸이 위태로운데, 이는 남의 결점을 잘 지적해내기 때문입니다. 자식 된 자는 부모를 항상 염두에 두어야 하고, 자기만을 생각해서는 안 되는 법이고, 신하된 자는 임금을 항상 마음에 두어야 하고, 자신만을 생각해서는 안 되는 법입니다." 공자가 주(周)나라에서 노(魯)나라로 돌아오자 따르는 제자들이 더욱 늘어났다.

14) 공자가 태어난 노(魯)나라는 제후국이고, 주(周)는 천자가 통치하는 종주국이다. 이에 정통의 국가조직과 종법체제 그리고 사회규범의 예를 배우고자 한 것이다.

이때에 진평공(晉平公)이 음란하고 무도하여 육경(六卿)[15]이 권력을 잡고 동쪽으로 제후들을 공격했다. 초영왕(楚靈王)은 군대가 강해서 시시때때로 북상하여 중원(中原)지역을 침략했다. 제(齊)나라는 대국으로 노(魯)나라와 국경을 접하고 있었다. 노(魯)나라는 약소해 초(楚)나라에 붙으면 진(晉)나라가 노했고, 진(晉)나라에 붙으면 초(楚)나라가 군사를 동원했다. 제(齊)나라를 잘 떠받들지 않으면 제(齊)나라 군대가 노(魯)나라를 침략했다.

노소공(魯昭公) 20년, 공자는 나이가 서른이 되었다. 제경공(齊景公)이 안영(晏嬰)[16]과 함께 노(魯)나라에 갔는데, 경공(景公)이 공자에게 물었다: 「"옛날 진목공(秦穆公)은 나라도 작고 외진 지역에 위치했지만 패자(覇者)가 된 것은 무엇 때문입니까?" 공자가 대답했다. "진(秦)나라는 비록 나라는 작아도 그 뜻이 원대했고, 비록 외진 곳에 처했어도 정당하게 정치를 행했습니다. 백리해(百里奚)를 양가죽 다섯 장으로 속량을 하여 등용해

15) 진(晉)의 육경(六卿)은 '범씨(范氏), 중행씨(中行氏), 지씨(知氏), 조씨(趙氏), 위씨(魏氏), 한씨(韓氏)'를 말한다.

16) 안영(晏嬰)은 안자(晏子)라고 한다. 춘추시대 제나라 출신이다. 제(齊)나라의 명문가 출신으로 아버지 안약(晏弱)이 죽은 뒤 아버지의 직위를 이어 경(卿)이 되어, 경공(景公) 등 삼대를 거치면서 관직이 상국(相國)에까지 이르렀다. 그는 관중(管仲) 이후 제(齊)나라가 배출한 걸출한 재상(宰相)의 한 사람으로 무려 57년 동안 제나라를 위해 충성을 다했다.

대부(大夫)의 벼슬자리를 내리고, 감옥에서 석방시켜 더불어 3일간 대화를 나눈 뒤 그에게 정사를 맡겼습니다. 천하를 다스렸다고 해도 충분했을 것인데, 제후의 패자가 된 것은 오히려 대단치 않은 것입니다."」 경공(景公)은 매우 기뻐했다.

공자가 35세 되었을 때, 계평자(季平子)가 후소백(郈昭伯)과 닭싸움 끝에 노소공(魯昭公)에게 미움을 샀다. 소공(昭公)이 군대를 이끌고 평자(平子)를 공격하자 평자(平子)는 맹씨(孟氏)와 숙손씨(叔孫氏)와 연합해 소공(昭公)을 공격했다. 소공(昭公)의 군대는 패해서 제(齊)나라로 달아났고. 그 후 얼마 안 되어 노(魯)나라에 난이 일어났다. 공자는 제(齊)나라로 가서 고소자(高昭子)의 가신이 되어 경공(景公)에게 접근하고자 했다. 공자는 제나라에서 음악을 관장하는 태사(太師)와 음악에 관해서 의견을 나누다가 순(舜)임금 때의 소(韶)[17]를 듣고 감동하여 3개월 동안 고기 맛을 잊을 정도로 심취하고 배웠다고 한다. 제(齊)나라 사람들이 공자의 이런 행동에 감복하고 칭송했다.

경공(景公)이 공자에게 정치에 대해 묻자 공자가 말했다: 「君君, 臣臣, 父父, 子子(군주는 군주답고 신하는 신하답고 아버지는 아버지답고 자식은 자식다워야 합니다)」 경공이 말했다: 「善哉! 信如君不君, 臣不臣, 父不父, 子不子, 雖有粟, 吾豈得而食

17) 순(舜) 임금 때 음악, 소소(簫韶)인데, 시경에 다음과 같은 구절을 볼 수 있다: 「소소(簫韶)를 9번 연주하니, 봉황도 날아와 맞추어 춤추더이다.」

諸!(옳은 말이오! 만약 군주가 군주답지 못하고 신하가 신하답지 못하고 아버지가 아버지답지 못하고 자식이 자식답지 못하면 비록 곡식이 있은들 내 어찌 그것을 먹을 수 있겠소)」 다른 날 경공이 다시 공자에게 정치를 물었을 때 공자가 말했다: 「政在節財(정치의 요점은 재물을 절제하는 데 있습니다).」 경공(景公)은 기뻐하며 장차 이계(尼谿)의 땅에 공자에게 하사(下賜)하려고 했다. 안영(晏嬰)이 나서며 말했다: 「무릇 유학자는 말재간이 있어 법으로 규제할 수 없으며, 거만하고 제멋대로 하니 아랫사람으로 두기 어려우며, 상례(喪禮)를 중시하여 재산을 다 탕진시키니 이들의 예법(禮法)을 따를 수가 없습니다. 도처에 유세를 다니며 관직이나 바라니 나라의 정치를 맡길 수도 없습니다. 현자(賢者)가 사라진 이래로 주(周) 왕실이 쇠약해졌고 예악(禮樂)이 붕괴된 지 오래되었습니다. 지금 공자는 용모를 성대히 꾸미고, 의례절차를 번거롭게 규범만을 강조하고 있습니다. 이런 잡다한 것들은 몇 세대를 배워도 다 배울 수 없으며 평생을 다해도 그 예를 터득할 수 없습니다. 군주께서 그를 채용해 제나라의 풍속을 바꾸려고 하신다면 이것은 백성을 다스리는 좋은 방법이 아닙니다.」라고 하였다.

그 후 경공(景公)은 공자를 공손히 접견했으나 다시는 예(禮)에 대해서 묻지 않았다. 어느 날 경공(景公)이 공자에게 위안을 하였다: 「내가 그대를 계씨(季氏)와 똑같은 지위로 대우하는 것은 할 수가 없소」라고 하며 공자에게 계씨(季氏)와 맹씨(孟

氏) 중간에 해당하는 대우를 해주었다.[18] 제(齊)나라 대부들이 공자를 해치려고 했는데 공자도 이 소문을 들었다. 경공(景公)은 「나는 늙었소. 그대를 등용할 수가 없소이다.」라고 하였다. 이리하여 공자는 결국 그곳을 떠나서 노(魯)나라로 돌아왔다.

공자의 나이 42세 때, 노소공(魯昭公)이 죽고 뒤를 이어 정공(定公)이 즉위했다. 정공(定公) 5년 여름, 계평자(季平子)가 죽고 환자(桓子)가 자리를 이었다. 계환자(季桓子)는 우물을 파다가 흙으로 구워 만든 그릇을 얻었다. 그 안에 양(羊) 모양을 한 것이 있었는데 공자에게: 「그릇 속에서 개를 얻었다.」라고 말했다. 공자가 말했다: 「제가 들은 바로는 그것은 양입니다. 제가 듣기로 산의 요괴는 외다리 기(夔)[19]와 사람의 목소리를 내는 산의 요정 망량(罔閬)[20]이고; 물의 요괴는 괴용(怪龍)과 사람을 잡아먹는 망상(罔象)[21]이며; 흙의 요괴는 암수구분이 없는 분양

18) 당시 노(魯)나라에는 삼경(三卿)이 있었다. 계씨(季氏)가 상경(上卿)이고, 맹씨(孟氏)와, 숙씨(叔氏)가 중경(中卿)이다.

19) 『산해경(山海經)』 등에 따르면, 기(夔)는 동해(東海) 7,000리 안쪽에 있는 유파산(流波山)에 산다고 한다. 소처럼 생겼으되 몸통은 푸르고 뿔이 없으며 다리가 하나인 짐승이 있는데, 그것이 물 밖으로 나오면 반드시 비바람이 불고, 그 눈빛은 해와 달처럼 밝고 울음소리는 우레처럼 크다고 한다.

20) 罔閬(망량): 전설의 요물, 도깨비, 요정. '魍魎'이라고 표기하기도 한다.

21) 罔象(망상): 어린아이 모양에 낯이 푸르고 몸과 털이 붉으며 빨간 손톱, 큰 귀, 긴 팔을 가진 물의 귀신.

(墳羊)[22]입니다.」라고 말했다.

오(吳)나라가 월(越)나라를 공격해서 수도 회계(會稽)를 공격하다가 수레에 실어도 남을 만큼의 길고 커다란 뼈를 발견하였다. 오왕(吳王)이 사자(使者)를 보내어 공자에게 물었다: 「누구의 뼈가 가장 큽니까?」 공자가 말했다: 「우(禹)임금이 회계산(會稽山)에서 여러 군장(君長)들을 불러보았을 때 방풍씨(防風氏)가 늦게 오자 우임금이 그를 죽였고, 그의 뼈가 수레 하나에 가득 찼다고 하는데, 그것이 가장 큰 해골이오.」 오나라의 사자가 말했다: 「그 神人(신인)은 누구입니까?」 공자가 말했다: 「山川(산천)의 신령은 천하를 다스리고, 산천을 지키니 신이며, 토신(土神)과 곡신(穀神)을 지키는 것이 공후(公侯)인데, 이는 모두 천자의 부름(통치)을 받습니다.」 사자가 말했다: 「방풍씨(防風氏)는 무엇을 지키는 신입니까?」[23] 공자가 말했다; 「왕망씨(汪罔氏)의 군장(君長)으로, 봉산(封山)과 우산(禺山)을 지켰는데 그는 성이 리씨(釐氏)였소. 우(虞), 하(夏), 상(商) 나라 때에는 왕망(汪罔), 주(周)나라 때에는 장적(長翟)이라고 했고, 지금은 대인(大人)이라고 하오.」 사자가 말했다: 「사람들의 키는 어느 정도입니까?」 공자가 말했다: 「초요씨(僬僥氏)는 3척(尺)으로 가장 작고, 가장 큰 사람이라도 3장(丈)을 넘지 않는데, 이

22) 분양(墳羊): 고대 전설의 암수의 구별이 없는 흙의 괴물(정령).

23) 방풍씨(防風氏)는 어느 종족의 우두머리인가를 묻는 말이다.

것이 가장 큰 키입니다.」 이에 오나라의 사자가 말했다: 「정말 훌륭하신 성인이십니다!」

계환자(季桓子)가 총애하는 신하 중에 중양회(仲梁懷)라는 사람이 있었는데, 양호(陽虎)와 사이가 좋지 않았다. 양호는 중양회를 내쫓으려고 했으나 공산불뉴(公山不狃)가 그것을 말렸다. 그해 가을, 중양회가 더욱 교만해지자 양호는 그를 체포했다. 환자가 노하자 양호는 환자마저도 가두어버리고, 맹약(盟約)을 한 연후에야 그를 풀어주었다. 양호는 이로 인해서 더욱 계씨(季氏)를 가볍게 여겼다. 계씨 또한 분수를 모르고 공실(公室)[24]을 깔보고 안하무인격으로 행동했기 때문에 한 상경(上卿)의 가신(家臣)이 국정을 잡은 꼴이 되었다. 이로부터 노(魯)나라에서는 대부(大夫) 이하 모두가 분수를 모르고 설쳐대고 예의에 벗어난 행동을 하였다. 이에 공자는 관직에 나아가지 않고 물러나 『시(詩)』, 『서(書)』, 『예(禮)』, 『악(樂)』을 편찬에 전념하였고, 제자들은 더욱 늘어나고 먼 곳에서까지 찾아와 가르침을 청하였다.

노정공(魯定公) 8년, 공산불뉴(公山不狃)[25]는 계씨(季氏)에게 불만을 갖고, 양호의 힘을 빌어 삼환(三桓)[26]의 적장자를 폐하고

---

24) 공실(公室): 제후국(諸侯國)인 국군(國君)을 말한다.

25) 공산불뉴(公山不狃) 역시 양호(陽虎)와 마찬가지로 계환자(季桓子)의 가신(家臣)이다.

26) 삼환(三桓): 계손(系孫), 숙손(叔孫), 맹손(孟孫), 이 세 집안은 모두 노

평소 양호와 사이가 좋은 서자를 세우고자 하여 계환자(季桓子)를 구금하였다. 계환자(季桓子)는 그들을 속여 도망칠 수 있었다. 정공 9년, 양호는 계획이 실패하자 제나라로 도망갔다. 이때 공자의 나이는 50세였다.

공산불뉴(公山不狃)는 비읍(費邑)을 거점으로 계씨(季氏)에게 반항을 하였다. 공산불뉴(公山不狃)는 사람을 시켜 공자를 불렀다. 공자는 이상을 추구한 지 오래되었고, 시험해 볼 곳이 없음을 답답해 했으나 아무도 자신을 등용하려고 하지 않았다. 공자는 「주(周)나라의 문왕(文王)과 무왕(武王)은 풍(豐)과 호(鎬)과 같은 작은 곳에서 대업을 일으켰다. 지금의 비(費)는 비록 작기는 하지만 한 번 해볼 만한 일이 아닌가?」라고 말하면서 부름에 응하려고 했다. 그러나 자로(子路)는 공자를 말렸다. 공자가 말했다: 「나를 부르는 것이 어찌 무용한 일이겠는가? 그가 만약 나를 등용한다면 나는 주(周)나라와 같은 예의지국을 세울 수 있을 것이다!」 그러나 공자는 결국 가지 않았다.

환공(魯桓公)의 자손이므로, 이에 '三桓'이라고 한다.

4. 관리생활 절정기

그 후 노정공(魯定公)은 공자를 중도(中都)의 장(長)으로 삼았는데, 1년 만에 사방에서 공자의 통치방법을 따랐다. 공자는 중도의 장에서 사공(司空)이 되었고, 사공에서 다시 대사구(大司寇)[27]가 되었다.

정공(定公) 10년 봄, 제(齊)나라와 화친을 맺었다. 그해 여름, 제(齊)나라의 대부 여서(黎鉏)가 경공(景公)에게 말했다. "노(魯)나라가 공구(孔丘)를 중용했으니 그 세가 반드시 제(齊)나라를 위태롭게 할 것입니다." 이에 노(魯)나라에 사자를 보내 친목을 도모하자는 명목으로 협곡(夾谷)에서 회합을 제의했다. 노정공(魯定公)은 수레를 타고 아무런 방비 없이 그곳에 가려고 했다. 그때 공자는 의전의 업무를 임시로 보고 있었으므로 정공(定公)의 행차를 보고: 「신이 듣기에 문사(文事)에는 반드시 무(武)를 갖추어야 하며, 무사(武事)에는 반드시 문(文)을 갖추어야 한다고 했습니다. 옛날에는 제후가 국경을 나설 때 반드시 문무 관원을 수행시켰다고 합니다. 좌우사마(左右司馬)[28]를 대동하고 가십시오.」라고 했다. 정공(定公)이 공자의 말을 듣고 좌우사마를 대동하였다.

정공(定公)이 협곡에서 제(齊) 경공(景公)과 만났다. 아래를 굽

---

27) 형조 판서(刑曹判書)를 달리 이르는 말. 지금의 법무부장관과 같다.

28) 司馬(사마): 군사(軍事)의 일을 맡은 벼슬.

어 볼 고대(高臺)를 쌓고, 흙으로 3단의 계단을 만든 자리에서 제(齊) 경공과 노(魯) 정공은 예(禮)에 따라 상견례를 했다. 서로 술잔을 주고받는 의전이 끝나자 제(齊)나라의 관리가 앞으로 나와 말했다; 「사방지악(四方之樂)을 연주하게 하옵소서.」 경공의 말이 떨어지자 각종 깃발과 창칼 그리고 방패를 든 무리들이 북을 치고 함성을 지르며 달려 나왔다.

이러한 광경을 본 공자는 빠른 걸음으로 高臺에 올라 긴 소매를 쳐들고 말했다: 「두 군주께서 친목을 위해서 만나셨는데 어찌하여 이 자리에 오랑캐들의 음악을 들으시려 하십니까? 禮에 맞지 않으니 물러가게 명하시오!」 그들이 물러가지 않자 배석했던 신하들은 안자(晏子)와 경공(景公)의 눈치를 살폈다. 경공(景公)은 마음속으로 부끄러워하면서 그들을 물러가게 했다.

잠시 후, 제(齊)나라의 관리가 앞으로 달려 나와 말했다: 「청컨대 궁중의 음악을 연주하게 하옵소서.」 경공(景公)이 허락을 하자 광대와 난쟁이가 재주를 부리며 앞으로 나왔다. 공자가 달려 올라가 아뢰었다: 「필부로써 제후(諸侯)를 현혹케 하는 자는 죽음으로 죄를 물어야 합니다. 형리에게 죽이라고 명하십시오.」 이에 그들의 목이 달아나고 말았다.

경공(景公)은 공자의 행동에 두려워하면서도 감탄했다. 이에 크게 두려워하며 군신들에게 말했다: 「노(魯)나라의 신하는 군자의 도로써 그 군주를 보필하는데, 그대들은 오랑캐의 도리를 나에게 권하여, 노(魯)나라 군주에게 무례를 했으니, 이를 어찌하면 좋겠소?」 한 신하가 나와서 말했다: 「군자는 과오를 범하면 예물로 사과를 하는 법이고, 일반사람은 허례적인 말로만 사죄한다고 합니다. 주군께서 그 일로 마음이 편하지 않으시거든 실질적인 물건을 내놓고 사과하십시오.」 이에 제(齊) 경공(景公)은 노(魯)나라로부터 빼앗은 운(鄆), 민양(汶陽), 구음(龜陰)의 땅을 반환함으로써 자신의 잘못을 인정했다.

정공(定公) 13년 여름, 공자는 정공(定公)에게 말했다: 「신하는 무기를 비축해서는 안 되고, 대부(大夫)는 백치(百雉)[29]의 성곽을 쌓아서는 안 됩니다.」 이에 중유(仲由)를 계씨(季氏)의 가신으로 하여 삼도(三都)를 허물도록 했다. 숙손씨(叔孫氏)가 먼저 후(郈)를 허물었고, 계씨가 비(費)를 허물려고 했으나 공산불뉴(公山不狃)와 숙손첩(叔孫輒)은 비인(費人)들을 이끌고 노나라를 습격했다. 정공(定公)은 세 아들과 함께 계씨(季氏)의 궁으로 피신했다.

공자는 신구수(申句須)와 악기(樂頎)에게 명해서 격퇴하게 하자 비인들이 패퇴했다. 노나라 사람들이 그들을 추격해 고멸(姑蔑)에서 격파했다. 공산불뉴(公山不狃)와 숙손첩(叔孫輒)은 제

29) 성벽의 길이가 300장(丈)을 말함이다. 1장(丈)은 약 3미터로, 당시 제후들이 거주하는 성벽을 법으로 제한하고 있음을 말해주고 있다. 치(雉)는 고대 성벽의 면적을 계산하는 단위다. 길이가 3장(丈), 높이가 1장(丈)을 '치(雉)'라고 한다.

(齊)나라로 도망쳤고 비(費)를 함락시켰다. 장차 성(城))을 허물려고 할 때 공렴거보(公斂處父)가 맹손씨(孟孫氏)에게 말했다: 「이미 만들어진 성을 허물면 제(齊)나라 사람들이 반드시 북쪽을 넘볼 것입니다. 또 성읍은 맹씨(孟氏)의 보루라, 성읍이 없으면 맹씨(孟氏)가 없는 것과 같습니다. 우리는 성읍의 성을 사수해야 합니다.」 12월, 노(魯) 정공(定公)은 성읍의 성을 포위했으나 함락시키지는 못했다.

정공(定公) 14년, 공자는 56세의 나이로 대사구(大司寇)로서 재상의 일을 맡게 되자 얼굴에는 희색이 돌았다. 제자가 물었다: 「제가 듣기에, 군자는 화가 닥쳐도 두려워하지 않고, 복이 찾아와도 기뻐하지 않는다고 했습니다.」 공자가 말했다: 「높은 지위에 있으면서 신분이 낮은 사람을 공손하게 대하는 즐거움도 있다고 하지 않는가?」 그리하여 얼마 후, 공자는 노(魯)나라의 정사를 문란케 한 대부 소정묘(少正卯)를 주살했다. 공자가 정치를 맡은 지 3개월이 지나자 시장의 장사치들은 값을 속이지 않았다. 남녀가 길을 따로 걸어 예를 지켰으며, 길에 떨어진 물건을 주워가는 사람도 없어졌다.

5. 周遊列國(주유열국)

제(齊)나라 사람들이 이 소문을 듣고 두려워하며 말했다:「공자가 정치를 하면 노(魯)나라는 강한 나라가 될 것이다. 노나라가 패권을 잡게 되면 우리 땅이 가까우니 우리가 먼저 당하게 될 것이다. 그러니 먼저 땅을 내주어야 하지 않겠는가?」여서(黎鉏)가 말했다.「우선 막을 방법을 찾아보고 그때 가서 땅을 내놓아도 늦지 않을 것입니다!」이리하여 제(齊)나라는 미녀 80명을 뽑아 모두 아름다운 옷을 입히고, 가무(歌舞)를 가르쳐서 무늬 있는 말 120필과 함께 노(魯)나라 군주에게 보냈다.

무녀들과 아름다운 마차로 치장한 말들을 노(魯)나라의 도성 남쪽 높은 곳에 있도록 했다. 계환자(季桓子)는 평복 차림으로 몰래 그러한 광경을 살펴보았고, 노(魯)나라 군주도 지역을 순회한다는 핑계를 대었지만은, 둘은 실제로는 그곳으로 가서 하루 종일 구경하느라 정사는 게을리 했다.

자로(子路)가 말했다:「선생님이 노나라를 떠날 때가 왔습니다.」공자가 말했다:「이제 곧 교제(郊祭)를 지내게 되는데, 만약 그때 임금께서 제사고기를 나누어 주신다면 나는 그대로 여기에 남을 것이다.」환자(桓子)는 결국 제나라의 무녀들을 받아들이고는 사흘 동안 정사를 돌보지 않았으며, 교제(郊祭)를 지내고도 제사 음식을 대부(大夫)들에게 나누어 주지 않았다. 공자는 노(魯)나라를 떠났다. 그날 둔(屯)에서 하루를 묵었다. 악사 기(己)가 공자를 전송하며 말했다: 「선생에게는 아무 잘못이 없는데 왜 떠나십니까?」 공자는 다음과 같은 노래로 자신의 심정을 대변했다.

여인의 말을 믿으면 믿는 신하는 떠나는 법이다.
여인을 너무 가까이하면 나라는 위태롭다.
상황이 이러하므로 유유자적 세월을 보낸다.

악사 기(己)가 돌아오자 환자(桓子)가 물었다: 「공자는 또 무엇이라고 하던가?」 기(己)가 사실대로 고했다. 환자(桓子)는 크게 탄식하며 말했다: 「공자는 내가 齊나라의 여인들을 받아들인 것을 가지고 나를 책망하고 있구나!」

공자가 드디어 위(衛)나라에 도착해서 자로(子路)의 처형인 안탁추(顔濁鄒)의 집에 머물렀다. 위영공(衛靈公)이 공자에게 물었다: 「노(魯)나라에 있을 때 봉록을 얼마나 받았소?」 공자가 대답했다: 「속(粟; 곡식) 6만 두(斗)를 받았습니다.」 위(衛)나라에서도 역시 속(粟) 6만 두(斗)의 봉록을 주었다. 공자가 이곳에 거한 지 얼마 안 되어 위영공(衛靈公)에게 공자를 헐뜯는 자가 있었다. 이에 영공(靈公)은 공손여가(公孫余假)에게 무장한 채 출입하며 공자를 감시하게 했다. 공자는 억울한 누명이나 쓰지 않을까 두려워하며 열 달을 머문 뒤 위(衛)나라를 떠났다.

공자가 진(陳)나라로 가려고 광(匡)을 지나갔다. 이때 안각(顔刻)이 말을 몰았는데 말채찍으로 한 곳을 가리키며 말했다: 「전에 제가 이곳에 왔을 때는 저 파손된 성곽의 틈 사이로 들어왔었습니다.」 광(匡) 지역 사람들은 이 말을 듣고 노나라의 양호(陽虎)가 또 온 것이라고 여겼다. 양호는 일찍이 광 지역 사람들에게 포악하게 대했었다. 광 지역 사람들은 공자의 앞길을 막았다. 공자의 모습이 양호와 비슷했기 때문에 공자는 5일간이나 포위당해 있었다. 안연(顔淵)이 뒤따라 도착하자 공자가 말했다: 「나는 자네가 난중에 이미 죽은 줄로 알았네.」

안연(顔淵)이 말했다: 「선생님이 계시는데 제가 어찌 가벼이 죽겠습니까?」 광(匡) 지역 사람들이 공자를 향해 더욱 급박하게 포위망을 좁혀오자 제자들이 두려워하기 시작했다. 공자가 말했다: 「문왕(文王)은 이미 돌아가셨으나 문왕(文王)이 이룩한 예악(禮樂)이 아직도 계승되고 있지 않은가? 하늘이 이 문왕(文王)이 이루어놓은 업적을 없애려고 하지 않으셨기 때문에 우리를 살아있게 하시고 계승토록 한 것이다. 하늘이 문왕(文王)의 예악(禮樂)을 없애려고 하지 않으시는데 광(匡) 사람들이 나를 어찌하겠는가!」 공자는 자신의 제자 하나를 위(衛)의 영무자(寗武子)에게 보내 가신(家臣)이 되게 한 후에야 비로소 그곳을 벗어날 수 있었다.

공자는 광(匡)을 떠난 뒤 곧 포(蒲)에 도착했다. 여기서 한 달 남짓 머문 후 다시 위(衛)나라로 돌아와 거백옥(蘧伯玉)의 집에 머물렀다. 위영공(衛靈公)에게는 남자(南子)[30]라는 부인이 있었다. 그녀는 사람을 시켜 공자에게 일렀다: 「천하의 군자들은 우리 군주와 친하게 지내고 싶으면, 반드시 부인을 만납니다. 우리 부인께서 뵙기를 원합니다.」 공자는 사양했으나 더 이상 거절할 수가 없었다. 부인은 휘장 안에 있었다. 공자가 문을 들어가 북쪽을 향해 절을 하자, 부인도 휘장 안에서 답례했는데 이때 허리에 찬 구슬 장식이 맑고 아름다운 소리를 냈다. 돌아와서 공자가 말했다: 「나는 원래 만나고 싶지 않았지만, 만났으므로 예로서 답해야 한다.」 자로(子路)는 그래도 수긍하지 못했다. 공자는 단호하게 말했다: 「내가 만일 잘못했다면 하늘이 나를 버릴 것이다. 하늘이 나를 버릴 것이다!」

위(衛)나라에 머문 지 한 달 남짓 되었을 때, 영공은 부인과 함께 수레를 타고 환관인 옹거(雍渠)를 옆에 태우고 궁문을 나섰고, 공자를 두 번째 수레를 타고 따라오게 하면서 뽐시도 의기양양하였다. 공자가 말했다: 「나는 덕을 좋아하기를 색을 좋아하는 것과 같이 하는 자를 보지 못했다.」 이에 이곳의 정치 환경에 실망하고 위(衛)나라를 떠나서 조(曹)나라로 갔다. 이

---

30) 춘추 시대 송(宋)나라 사람. 성(姓)이 자(子)다. 위령공(衛靈公)의 부인으로 총애를 받았다. 친오빠인 송나라의 공자(公子) 조(朝)와 사통(私通)했다. 태자 괴외(蒯聵)가 이를 부끄럽게 여겨 살해하려다가 실패하고 송나라로 달아났다. 영공 42년 영공이 죽자 남자가 괴외의 아들 첩(輒)을 즉위시켰는데, 이가 바로 출공(出公)이다.

해에 노정공(魯定公)이 죽었다.

공자는 조(曹)나라를 떠나 송(宋)나라로 갔다. 공자는 제자들과 큰 나무 아래에서 예의에 대해서 강습했다. 송나라 사마(司馬) 환퇴(桓魋)가 공자를 죽이려 했고 그 나무도 뽑아버렸다. 이에 공자는 그곳을 떠날 수밖에 없었다. 제자들이 말했다: 「빨리 떠나는 것이 좋겠습니다.」 공자가 말했다: 「하늘이 나에게 덕을 이을 사명을 주셨는데 환퇴가 나를 어찌하겠는가!」

공자가 정(鄭)나라에 갔는데 제자들과 서로 길이 어긋나서 홀로 성곽(城郭)의 동문에 서 있었다. 정나라 사람 누군가가 자공(子貢)에게 말했다: 「동문(東門)에 어떤 사람이 있는데 그 이마는 요(堯)임금과 닮았고, 그 목덜미는 요(陶)[31]와 닮았고, 그 어깨는 자산(子産)[32]과 닮았어요. 그러나 허리 이하는 우(禹)임금보다 3촌(寸)이 짧으며, 풀 죽은 모습은 마치 상가(喪家)의 개와 같았습니다.」 자공(子貢)은 이 말을 그대로 공자에게 고했다. 공자는 흔쾌히 웃으며 말했다: 「한 사람의 모습이 어떠냐 하는 것은 그리 중요한 것이 아니다. 그런데 '상가의 개'와 같다고 했다는데, 정말 그랬을까? 정말 그랬을까?」

공자는 결국은 또 진(陳)나라에 이르러 사성정자(司城貞子)의 집에 머물렀다. 1년 남짓 되었을 때 오왕(吳王) 부차(夫差)가 진

31) 皐陶(고요)를 말함이다. 중국 상고시대의 인물이다. 순임금의 신하로 형옥을 관장하였다.

32) 중국 춘추시대 정(鄭)나라의 명재상으로 공손교(公孫僑)라고도 한다.

(陳)나라를 쳐서 세 읍을 빼앗아 돌아갔다. 진(晉)나라의 조앙(趙鞅)은 조가(朝歌)를 공격했다. 초(楚)나라는 채(蔡)나라를 포위했고, 채(蔡)나라는 오(吳)나라의 땅으로 옮겨가서 오(吳)나라의 보호를 받았다. 오(吳)나라는 월왕(越王) 구천(句踐)을 회계(會稽)에서 패배시켰다.

어느 날 매 한 마리가 진(陳)나라 궁정에 떨어져 죽었는데 싸리나무로 만든 화살이 몸에 꽂혀 있었고 그 화살촉은 돌로 되어 있었으며, 화살의 길이는 1척 8촌이었다. 진민공(陳湣公)이 사자를 보내어서 공자에게 물었다. 공자가 말했다: 「매는 멀리서 왔습니다. 이것은 숙신(肅愼)의 화살입니다. 옛날 무왕(武王)이 상(商)나라를 멸한 후에 여러 소수민족들과 교통하고 각각 그 지방의 특산물을 조공하게 함으로써 그들의 직책과 의무를 잊지 않게 했습니다. 이에 숙신은 싸리나무로 만든 화살과 돌로 만든 화살촉을 바쳤는데 길이가 1척 8촌이었습니다. 선왕께서는 그의 미덕을 표창하고자 숙신의 화살을 큰딸 대희(大姬)에게 나누어 주었습니다. 그 후 장녀를 우(虞)의 호공(胡公)과 결혼을 시키고, 우 호공을 진(陳)나라에 봉했지요. 동성 제후들에게는 진귀한 옥을 나누어 주어 친척의 도리를 다하게 했고, 이성 제후들에게는 먼 지방에서 들어온 조공품을 나누어 주어 무왕에게 복종할 것을 잊지 않게 했습니다. 그리하여 진(陳)나라에게는 숙신의 화살을 나누어 주었던 것입니다.」 진민공(陳湣公)이 사람을 시켜 창고에서 그 화살을 찾아보게 했는데 과연 그것이 있었다.

공자가 진(陳)나라에 3년을 머물렀다. 머무는 동안 진(晋)과 초(楚)나라는 경쟁관계였고, 차례로 진(陳)나라를 침범했다. 오(吳)나라가 진(陳)나라를 침범할 때까지, 진(陳)나라는 항상 침공을 당했다. 이에 공자가 말했다: 「돌아가자, 돌아가자! 내 고향의 젊은이들은 뜻은 크지만 아직은 다듬어지지 않았다. 그들에게는 진취성이 있고, 그들은 초심을 잊지 않고 있다.」 그러면서 공자는 진(陳)나라를 떠났다.

포(蒲)를 지날 때, 때마침 공숙씨(公叔氏)가 포(蒲)에서 반란을 일으켰다. 포(蒲)의 사람들이 공자의 앞길을 막았다. 제자 중에 공양유(公良孺)라는 개인의 수레 다섯 대를 가지고 공자를 따르고 있었다. 그는 장대하고 힘이 장사였다. 그가 말했다: 「내 이전에 스승님을 모시고 광(匡)에서 난을 당했었는데, 오늘 또다시 여기서 난을 만나니 운명인가 봅니다. 내 선생님과 함께 다시 위험에 빠졌으니 차라리 싸우다 죽겠습니다.」 싸움이 심히 격렬해졌다. 포(蒲)의 사람들이 두려워서 공자에게 말했다: 「만일 위(衛)나라로 가지 않겠다고 한다면 놓아드리겠소.」 공자가 약속하였다. 그러나 공자는 끝내 위나라로 갔다. 자공(子貢)이 말했다: 「약속을 저버려도 됩니까?」 공자가 말했다: 「강요된 약속은 신(神)도 인정하지 않는다.」

위영공(衛靈公)은 공자가 온다는 소식을 듣고 기뻐하며 교외까지 나가 영접하며 물었다: 「포(蒲)를 공격할 수 있습니까?」 공자가 할 수 있다고 대답하였다. 위영공(衛靈公)이 말했다:「우리 대부(大夫)들은 불가능하다고 여깁니다. 오늘날 포(蒲)는 진(晉)과 초(楚)나라를 방어하는 위(衛)나라의 완충지역입니다. 그러한 지역을 공격한다면 도리어 해가되지 않겠습니까?」 공자가 말했다.「그곳의 장정들은 모두 위나라를 위해서 목숨을 바칠 의지가 있으며, 부녀자들도 그들의 서하(西河) 땅을 지키려는 의지가 있습니다. 그러나 우리가 토벌하려는 사람은 반란을 일으킨 우두머리 4~5명에 불과합니다.」 영공은 동의를 하면서도 끝내 말했다. "좋습니다." 그러나 영공은 포(蒲)를 공격하지 않았다.

영공(靈公)은 늙어 정사에 태만했고, 또한 공자를 등용하지도 않았다. 공자는 크게 탄식하며 말했다:「만약 나를 등용하는 자가 있으면, 일 년이면 자리가 바로잡힐 것이요, 3년이면 구체적인 성과가 있을 것이다.」 공자는 위(衛)나라를 떠났다.

불힐(佛肸)[33]은 중모(中牟)를 다스리고 있었다. 진(晉)나라의 조간자(趙簡子)가 범씨(范氏)와 중항씨(中行氏)를 치려고 하였다. 중모(中牟) 사람들이 불복하자 조간자(趙簡子)는 이 지역을 공격했다. 불힐(佛肸)이 이에 중모를 근거지로 반기를 들었다. 그리고 사람을 보내 공자에게 협조를 구했다. 공자는 이에 응하려고 했다. 자로(子路)가 말했다:「제가 선생님께 듣기로는 '좋

33) 진(晉)나라의 대부(大夫) 중행(中行)씨의 가신(家臣)이다.

지 못한 일을 한 자에게 군자는 가지 않는다.'라고 하셨는데, 지금 불힐(佛肹)은 중모(中牟)에서 반기를 들었는데도 선생님께서 가려고 하시니 이는 어찌 된 연유입니까?」 공자가 말했다: 「내 그런 말을 한 적이 있었다. 진정으로 강한 것은 갈아도 얇아지지 않고, 진정으로 하얀 것은 물들여도 검어지지 않는다고 말하지 않았던가? 내 어찌 볼 수만 있고 먹을 수도 없는 쓸모없는 박(匏)이 되란 말이냐? 어찌 매달려 있기만 하고 사람에게 먹히지 않는 그런 물건이 되란 말이냐?」

공자가 경(磬)[34]을 연주했다. 그때 망태를 메고 문 앞을 지나가던 자가 듣고 말했다: 「깊은 생각에 빠졌구나, 경을 연주하는 이여! 세상에 자기를 알아주는 이가 없으면 그것으로 그만이지!」

공자가 사양자(師襄子)로부터 거문고 연주를 배웠는데 열흘 동안 진전이 없었다. 사양자가 말했다: 「이제는 다른 곡을 배워도 되겠습니다.」 공자가 말했다: 「나는 이미 그 곡조는 익혔으나 아직 그 연주하는 기교를 터득하지 못했습니다.」 얼마 후에 사양자가 말했다: 「이제는 그 연주하는 기교를 익혔으니 다른 곡을 배워도 되겠습니다.」 공자가 말했다: 「나는 아직 그 곡조의 의미를 터득하지 못했습니다.」 얼마 후에 사양자가 말했다: 「이제는 곡조의 뜻을 익혔으니 다른 곡조를 배워도 되

34) 경석(磬石)이라는 돌로 만든 타악기(打樂器)인 편경(編磬)의 약칭이다.

겠습니다.」 공자가 말했다: 「나는 아직 이 곡을 쓴 사람의 사람됨을 알지 못했습니다.」 공자는 생각에 골몰하였고 먼 산을 바라보는 것이었다. 공자가 말했다: 「이제야 나는 그 곡을 쓴 사람의 사람됨을 알았습니다. 피부는 검고, 키는 크며, 눈은 빛나고 멀리 바라보는데 마치 사방 제후국을 다스리는 것 같았으니, 이는 문왕(文王)이 아니면 그 누구겠습니까!」 사양자가 자리에서 일어나 재배하며 말했다: 「나의 스승께서도 이곡은 "문왕조(文王操)"라고 이르셨습니다.」

공자는 위(衛)나라에서 등용되지 못하자 서쪽으로 가서 진(晉)나라의 조간자(趙簡子)를 만나려고 했다. 황하에 이르러서 두명독(竇鳴犢)과 순화(舜華)가 피살된 소식을 듣고서 탄식해서 말했다: 「아름답다 황하여! 넓고 넓도다! 내가 이 황하를 건너지 못하는 것은 또한 운명이로다!」 자공(子貢)이 나아가 물었다.

공자가 말했다: 「두명독(竇鳴犢)과 순화(舜華)는 진(晉)나라의 어진 대부(大夫)였다. 조간자가 아직 뜻을 펴지 못했을 때 이 두 사람의 도움으로 정치를 했다. 그런데 지금은 그가 뜻을 이루자 도리어 그들을 죽이고 정권을 장악하고 있다. 내가 듣기로 배를 갈라 어린 것을 죽이면 기린(麒麟)[35]이 나타나지, 연못을 마르게 하여 고기잡이를 하면 용(龍)이 운우(雲雨)를 일으켜

35) 기린(麒麟)은 성스러운 짐승으로, 봉황과 마찬가지로 그 출현은 번영의 전조였다. 기(麒)는 수컷, 인(麟)은 암컷이다.

음양의 조화를 이루려 하지 않고, 둥지를 뒤엎어 알을 깨뜨리면 봉황이 날아오지 않는다고 한다. 왜냐하면 군자는 자기와 같은 무리가 상하는 것을 꺼리기 때문이다. 대저 짐승들도 의롭지 못한 것을 오히려 피할 줄 아는데 하물며 이 공구(孔丘)어찌해야 하겠는가!」 이에 추향(陬鄕)에 되돌아가서 "추조(陬操)"라는 곡을 지어 두명독과 순화를 애도했다. 후에 공자는 위(衛)나라로 돌아가 거백옥(蘧伯玉)의 집에서 거처했다.

어느 날 위영공(衛靈公)이 군대의 진법(陣法)을 물었다. 공자가 말했다: 「제사 지내는 일은 일찍이 들었으나, 군사의 일은 배우지 못했습니다.」 다음날 영공이 공자와 더불어 이야기하다가 날아가는 기러기를 보자 그것을 우러러보며 공자의 말에는 열중하지 않았다. 공자는 그곳을 떠나 다시 진(陳)나라로 갔다.

이해 여름 위(衛) 영공(靈公)이 죽자 손자 첩(輒)을 세웠는데, 그가 위 출공(衛出公)이다. 6월, 조앙(趙鞅)[36]이 국외에서 떠돌고 있는 태자 괴외(蒯聵)[37]를 척(戚) 지역으로 유인하여 살게 했다.

---

36) 조앙(趙鞅)은 조간자(趙簡子)이다.

37) 괴외(蒯聵): 위장공(衛莊公). 춘추시대 위(衛)나라의 국군(國君). 위령공(衛靈公)의 아들이다. 태자로 있을 때 영공의 부인 남자(南子)를 죽이려고 하다가 실패하고 진(晉)나라로 달아났다. 영공이 죽자 그의 아들 첩(輒)을 세우니 그가 출공(出公)이다. 괴외(蒯聵)는 공회와 반란을 모의했다. 그는 공회의 집으로 몰래 숨어들어, 결국 공회의 세력과 더불어 출공(出公)을 습격했다. 이 사건으로 출공(出公)은 노(魯)나라로

조앙의 명을 받은 양호(陽虎)가 태자에게 상복을 입히고, 여덟 명에게도 상복을 입혀 위(衛)나라에서 온 문상객을 가장해 울며 위(衛)의 척(戚)으로 들어와 그곳에서 머물며 살게 되었다. 겨울에 채(蔡)나라는 주래(州來)로 천도했다. 그 이듬해는 노애공(魯哀公) 3년으로 이때 공자의 나이는 60세였다. 제(齊)나라의 도움으로 위(衛)나라는 척(戚)을 포위했는데, 그것은 위(衛)나라의 태자 괴외(蒯聵)가 그곳에 있었기 때문이었다.

같은 해 여름, 노(魯)나라의 환공(桓公)과 희공(釐公)의 묘실(廟室)에 불이 났다. 남궁경숙(南宮敬叔)이 불을 껐다. 그때 공자는 진(陳)나라에 있었는데 이 소식을 듣고 말했다: 「불은 틀림없이 환공과 희공의 묘실에서 났을 것이다.」 과연 뒤에 알아보니 그러했다.

가을에 계환자(季桓子)가 병이 들었는데, 가마에 앉아 노(魯)나라의 도성을 바라보고 탄식하며 말했다: 「이전에 이 나라는 거의 흥성할 수가 있었는데 내가 공자에게 죄를 지은 까닭에 흥성하지 못했다」 그는 또 후계자인 강자(康子)를 돌아보고 말했다: 「내가 죽으면 네가 이어받을 것이다. 그렇게 되거든 반드시 공자를 불러 오도록 해라.」

얼마 후, 계환자(季桓子)가 죽고 강자(康子)가 뒤를 이었다. 장례가 끝난 뒤 강자는 공자를 부르려고 했다. 공지어(公之魚)가

도망치고 괴외가 임금이 되니, 그가 바로 장공(莊公)이다.

말했다:「지난날에 선군께서 그를 등용하고자 하셨으나 좋은 결과를 거두지 못해 결국 제후의 웃음거리가 되었습니다. 이제 또 그를 등용하려다가 좋은 결과를 거두지 못하게 되면 이는 또다시 제후들의 웃음거리가 되는 것입니다.」강자가 말했다.「그러면 누구를 초빙하면 좋겠소?」공지어가 말했다:「반드시 염구(冉求)를 부르십시오.」이에 사람을 보내어 염구를 불렀다.

염구가 노(魯)나라로 떠나려고 하자 공자가 말했다:「우리 노나라 사람이 자네 구(求)를 부르는 것을 보니 이것은 작게 등용하려는 것이 아니라 장차 크게 등용하려는 것이리라.」이날 공자는 또 말했다:「돌아가자, 돌아가자! 내 고향의 젊은이들은 뜻은 크지만 행하는 것에서는 소홀하고 거칠어서 나는 어떻게 그들을 지도해야 좋을지 모르겠다.」자공(子貢)은 공자가 노(魯)나라로 돌아갈 생각이 있음을 알고 염구(冉求)를 전송할 때 부탁의 말을 했다:「등용되면 선생님을 모셔가도록 해주시오.」

염구(冉求)가 가고 다음해에 공자는 진(陳)나라에서 채(蔡)나라로 갔다. 채 소공(蔡昭公)이 장차 오(吳)나라에 가려고 했는데, 이는 오(吳)나라 왕이 그를 불렀기 때문이었다. 지난날 소공이 신하들을 속이고 주래(州來)로 천도했는데, 지금 다시 오(吳)나라로 가려고 하자 대부들이 또 천도할까 두려워했고 마침내 공손편(公孫翩)이 소공(昭公)을 죽였다. 초(楚)나라가 채(蔡)나라를 침공했다. 가을에는 제경공(齊景公)이 죽었다.

다음해 공자는 채나라에서 섭(葉)으로 갔다. 섭공(葉公)[38]이 공자에게 정치를 물으니 공자가 말했다: 「정치란 먼 데 있는 사람을 찾아오게 하고, 가까이 있는 사람의 마음을 얻는 데 있습니다.」 다른 날 섭공(葉公)은 자로에게 공자의 사람됨을 물었으나 자로는 대답하지 않았다. 공자가 이를 듣고 말했다: 「유(由)야, 너는 왜 선생의 사람됨이 도를 배우는데 권태를 느끼지 않고, 사람을 깨우치는 일에 싫증을 내지 않으며, 일에 열중해 먹는 것조차 잊어버리고, 즐거움으로 근심을 잊으면서, 늙어가는 것도 모르고 살아가는 사람이라고 말하지 않았느냐?」

공자는 섭(葉)을 떠나 채(蔡)나라로 돌아오는 도중에 장저(長沮)와 걸익(桀溺) 두 사람이 밭을 가는 것을 보았다. 공자는 그 사람들이 은자(隱者)라고 생각해 자로(子路)로 하여금 그들에게 나루터로 가는 길을 물어보도록 했다. 장저가 자로(子路)에게 물었다: 「수레 위의 고삐를 잡고 있는 저 사람은 누구입니까?」 「공자이십니다.」 「그가 노(魯)나라의 공자입니까?」 「그렇습니다.」 장저가 말했다. 「그렇다면 나루터를 알고 있을 것입니다.」 걸익이 자로(子路)를 향해 물었다. 「당신은 누구입니까?」 「중유(仲由)입니다.」 「당신은 공자의 제자입니까?」 「그렇

38) 춘추 시대 초(楚)나라의 심저량(沈諸梁)을 일컫는 말. 자는 자고(子高)인데, 초의 섭(葉) 땅을 영유하고 있어서 이렇게 불렸다.

습니다.」「천하가 온통 어지러운데, 그 누가 이를 바로잡을 수 있겠습니까? 당신은 사람을 피하는 선비를 따르는 것보다는 차라리 세상을 피하는 선비를 따르는 것이 낫지 않겠습니까!」 장저와 걸익은 이렇게 말하고 쳐다보지도 않고 계속해서 자기들의 일만 하는 것이었다. 자로(子路)가 이들이 한 말을 공자에게 알리니 공자가 한숨을 쉬며 말했다: 「짐승들과 무리지어 같이 살 수는 없다. 천하가 올바르게 다스려졌다면 나도 이를 바꾸려고 여러 나라를 다니지도 않았을 것이다.」

어느 날 자로(子路)가 길을 가다가 삼태기를 짊어진 노인을 만나 물었다: 「우리 선생님을 보지 못했습니까?」 그 노인이 말했다: 「당신들은 팔다리를 움직여 일도 하지 않고, 오곡도 구별하지 못하는 사람들인데, 내 당신의 선생이 누군지 내가 어찌 알겠소!」 그는 계속해서 풀을 뽑고 있었다. 자로(子路)가 이를 고하자 공자가 말했다: 「그는 은자임에 틀림없다.」 다시 가보았으나 그는 이미 떠나가고 없었다.

공자가 채(蔡)나라로 옮긴 지 3년이 되던 해에 오(吳)나라는 진(陳)나라를 공격했다. 초(楚) 나라는 진(晉)나라를 구하기 위해서 진보(陳父)에 군대를 주둔시켰다. 초(楚) 나라에서는 공자가 진(晉)나라와 채(蔡)나라의 중간 지역에 있다는 말을 듣고 사람을 보내어 공자를 초빙했다. 공자가 초빙에 응하기 위해 채비를 하였다. 진(晉)나라와 채(蔡)나라의 대부들이 모의를 했다: 「공자는 현인이다. 그가 비난하는 모든 것들이 이치에 딱

들어맞는다. 지금 그가 진나라와 채나라의 중간에 오래 머물고 있었으므로, 우리들의 행실을 다 맘에 들어 하지는 않았을 것이다. 오늘의 초(楚) 나라는 큰 나라인데 공자가 초(楚) 나라에 등용되면 우리 진나라와 채나라에서 일하는 대부들은 모두 위험해질 것이다.」

이에 진나라와 채나라의 대부들은 각각 사람을 보내어 들판에서 공자를 포위했다. 공자는 초(楚) 나라로 가지 못하고 식량마저 떨어졌다. 따르는 제자들은 굶어 병들어 갔지만 그러나 공자는 조금도 흐트러짐이 없이 강의도 하고 낭송하고 거문고도 타면서 지냈다. 자로(子路)가 화가 나서 공자에게 말했다: 「군자도 이처럼 곤궁할 때가 있습니까?」 공자가 말했다: 「군자는 곤궁해도 자신을 지키지만, 소인은 곤궁해지면 못하는 일이 없다.」

자공이 얼굴색이 변했다. 공자가 말했다: 「사(賜)야, 너는 내가 박학다식하다고 생각하느냐?」 자공이 대답했다: 「그렇습니다. 그렇지 않다는 말씀이십니까?」 공자가 말했다: 「그렇지 않다. 나는 한 가지 기본 원칙을 가지고 전체 통찰한 것뿐이다.」

공자는 제자들이 마음이 상해 있다는 것을 알고서 곧 자로를 불러서 물었다: 「『시(詩)』에 이르기를 '코뿔소도 아니고 호랑이도 아닌 것이 광야에서 헤매고 있다'라고 했는데, 내가 추구하는 바가 무슨 잘못이라도 있단 말이냐? 우리가 왜 여기서 곤란을 당해야 한다는 말이냐?」 자로가 말했다: 「아마도 우리가 어질지 못하기 때문이 아니겠습니까? 그래서 사람들이 우리를 믿지 못하는 게지요. 아마도 우리가 지혜롭지 못하기 때문이 아니겠습니까? 그래서 사람들이 우리를 놓아주지 않는 것입니다.」

공자가 말했다: 「그럴 리는 없을 것이다. 중유(仲由)야, 만약에 어진 사람이 반드시 남의 신임을 얻는다면 어째서 백이(伯夷)와 숙제(叔齊)가 수양산(首陽山)에서 굶어 죽었겠느냐? 또 만약에 지혜로운 사람이 장애 없이 실행할 수 있다면 어찌 비간(比干)[39]이 잔인하게 죽었겠는가?」

자로(子路)가 나가자 자공(子貢)이 들어와 공자를 뵈었다. 공자가 말했다: 「사(賜)야, 『시(詩)』에 이르기를 '코뿔소도 아니고 호랑이도 아닌 것이 광야에서 헤매고 있다'라고 했는데, 내가 추구하는 바가 무슨 잘못이라도 있단 말이냐? 우리가 왜 여기서 곤란을 당해야 한다는 말이냐?」 자공(子貢)이 대답했다 : 「선생님의 도가 지극히 크기 때문에 천하의 그 어디에서도 선생님을 받아들이지 못합니다. 선생님께서는 어째서 자신을 좀 낮추지 않으십니까?」 공자가 말했다. "사(賜)야, 훌륭한

39) 비간(比干): 이름은 비(比)이고, 간(干)이라는 나라에 봉(封)해져 비간(比干)이라고 불린다. 상(商)의 28대 태정제(太丁帝)의 둘째 아들로서 주왕(紂王)의 숙부(叔父)이다. 사람됨이 곧고 강직하여 주왕(紂王)의 폭정(暴政)을 바로잡기 위해 간언(諫言)하다가 죽음을 당했다.

농부가 농사에 능하다고 해서 반드시 곡식을 잘 수확하는 것은 아니고, 훌륭한 장인(匠人)이 비록 정교한 솜씨를 가졌을지라도 쓰는 사람을 만족시키는 것은 아니다. 군자가 그 도를 잘 닦아서 기강을 세우고, 통리(統理)할 수는 있겠지만 반드시 세상에 수용되는 것은 아니다. 지금 너는 너의 도는 닦지 않고서, 스스로의 도를 낮추어서까지 남에게 수용되기를 바라고 있다. 사(賜)야, 너의 뜻이 원대하지 못하구나.」

자공이 나가고 안회(顔回)가 들어와서 공자를 뵈었다. 공자가 물었다: 「『시(詩)』에 이르기를 '코뿔소도 아니고 호랑이도 아닌 것이 광야에서 헤매고 있다'라고 했는데, 내가 추구하는 바가 무슨 잘못이라도 있단 말이냐? 우리가 왜 여기서 곤란을 당해야 한다는 말이냐?」 안회(顔回)가 대답했다: 「선생님의 도가 지극히 크기 때문에 천하의 그 어느 국가에서도 선생님을 받아들이지 못합니다. 비록 그렇기는 하지만 선생님께서는 선생님의 도를 말씀하고 계시는데, 그들이 받아들이지 않는다고 해서 무슨 걱정이 있겠습니까? 받아들여지지 않음으로 더욱 군자의 참 모습이 드러나는 것입니다. 무릇 도를 닦지 않는다는 것은 우리의 치욕입니다. 그러니 도가 잘 닦여진 인재를 등용하지 않는다는 것은 나라를 가진 자의 잘못입니다. 그러니 받아들여지지 않는다고 해서 무슨 걱정이 되겠습니까? 받아들여지지 않기에 더욱더 군자의 참 모습이 드러날 것입니다.」 공자는 기뻐서 웃으며 말했다: 「그렇던가, 안씨(顔氏) 집안의 자

제여! 자네가 만약 큰 부자가 된다면 나는 자네의 재무 관리자가 되겠네.」

그리하여 자공을 楚(초)나라에 보냈다. 초 소왕(楚昭王)이 군대를 보내 공자를 보호하고 맞이하자 비로소 공자는 곤궁에서 벗어날 수 있었다.

소왕(昭王)이 장차 서사(書社)의 땅 7백 리로 공자를 봉하려고 했다. 그러자 楚나라의 재상 자서(子西)가 말했다: 「왕의 사신으로 제후에게 보낼 사람 중에서 자공(子貢)만한 사람이 있습니까?」「없소.」「왕을 보필할 신하 중에서 안회(顔回)만한 사람이 있습니까?」「없소.」「왕의 장수 중에서 자로(子路)만한 사람이 있습니까?」「없소.」"왕의 장관 중에서 재여(宰予)만한 사람이 있습니까?」「없소.」 자서는 이어서 말했다: 「하물며 초(楚)나라의 선조가 주(周)나라로부터 분봉(分封)을 받았는데 그때 봉호(封號)는 자남작(子男爵)이었고, 봉지(封地)는 50리였습니다.

지금 공자는 삼황오제(三皇五帝)의 치국방법을 말하고 주공(周公), 소공(召公)의 덕치를 본받고 있으니, 왕께서 만약 공자를 등용하신다면 楚나라가 어떻게 대대로 당당하게 다스려온 사방 수천 리 땅을 보존할 수 있겠습니까? 무릇 문왕(文王)은 풍(豐) 땅에서 일어났고, 무왕(武王)은 호(鎬) 땅에서 일어났지만 백리밖에 안 되는 작은 땅을 가진 군주가 마침내 천하를 통일했던 것입니다. 지금 공자가 근거할 땅을 얻고 저렇게 많은 현명한 제자들이 그를 보좌한다면 이것은 우리 초(楚) 나라에 결코 좋은 일이 못 될 것입니다."

소왕은 이 말을 듣고 본래의 계획을 취소했다. 그해 가을, 초(楚) 소왕(昭王)은 성보(城父)에서 죽었다.

초(楚)나라의 광인(狂人) 접여(接輿)가 공자 앞을 지나가며 이렇게 노래를 불렀다.

> 봉황새야, 봉황새야!
> 너의 덕은 어찌 이렇게 쇠락을 했다는 말이냐!
> 지난날의 잘못이야 돌이킬 수 없지만,
> 앞날의 잘못이야 피할 수 있으랴!
> 두어라, 두어!
> 지금 정치하는 자들은 모두가 다 위험하구나!

공자는 마차에서 내려 그와 이야기를 나누려 했으나 그가 급히 가버려 이야기를 나눌 수가 없었다.

이때 공자는 초(楚) 나라에서 위(衛)나라로 돌아왔다. 이해 공자의 나이는 63세였고, 때는 노(魯) 애공(哀公) 6년이었다.

그 다음해 오(吳)나라는 노(魯)나라와 증(繒)에서 회합하고 노(魯)나라에게 제사에 쓸 백뢰(百牢)[40]를 요구했다. 오(吳)의 태재(太宰) 비(嚭)가 계강자(季康子)와 만났다. 강자(康子)는 자공(子貢)을 초(楚) 나라로 보내어 응대케 함으로써 비로소 가축 백뢰(百牢)를 바치는 일을 모면하게 되었다.

---

40) 百牢(백뢰): 소와 양과 돼지 각 1마리를 1뢰(牢)라고 한다.

공자가 말했다: 「노(魯)나라와 위(衛)나라의 정치는 형제처럼 비슷한 상황이다.」 이때 위(衛)나라의 군주 첩(輒)의 아버지인 괴외(蒯聵)는 임금의 자리를 계승하지 못하고 국외에 망명 중이었으므로, 제후들은 이 일에 대해 수차례 책망을 했다. 공자의 제자들 중에는 위(衛)나라에서 벼슬을 하고 있는 사람이 많았고 위(衛)나라 군주는 공자에게 정사를 맡기고 싶어 했다.

자로가 말했다: 「위(衛)나라 군주가 선생님께 정사를 맡기고자 하는데 맡으신다면 선생님께서는 장차 무슨 일을 제일 먼저 하시겠습니까?」 공자가 대답했다: 「반드시 명분을 바르게 하겠다.」 자로가 말했다: 「그런 것도 있습니까? 선생님의 생각이 너무 깊은 것 같습니다. 무슨 명분을 바르게 하신다는 말씀입니까?」 공자가 말했다: 「참으로 아둔하구나! 명목이 바르지 못하면 말이 순조롭지 못하고, 말이 순조롭지 못하면 일이 제대로 성취되지 못하고, 일이 성취되지 못하면 예악이 흥성되지 못하고, 예악이 흥성하지 못하면 형벌이 합당하게 적용되지 않고, 형벌이 합당하게 적용되지 못하면 백성들은 무엇을 어떻게 해야 할지 모르게 된다. 그러므로 군자는 무슨 일을 하든, 반드시 명분에 부합되어야 하고, 말을 했으면 반드시 실행해야 한다. 그리고 군자의 말에는 경솔함이 없어야 한다.」

그 다음해 염유(冉有)는 계씨(季氏)의 명을 받고 장군이 되어 낭(郎)에서 제(齊)나라와 싸워서 이겼다. 계강자(季康子)가 말했

다: 「그대는 군사에 관한 것을 배웠는가? 아니면 본래 그 방면에 재주가 있는 것인가?」 염유(冉有)가 말했다: 「스승에게서 배웠습니다.」 강자(康子)가 말했다: 「공자는 어떤 사람인가?」 염유가 대답했다: 「부자(夫子)를 등용하시려면 정당한 명분을 주셔야 합니다. 그분의 정치가 백성들에게 행해진다면, 모두가 탄복을 할 것입니다. 저에게 대하듯이 그분을 모신다면 비록 수천 사(社)[41]를 준다 해도 제 스승은 취하지 않을 것입니다.」「내가 공자를 맞이하고 싶은데, 가능하겠소?」「부자(夫子)를 부르고자 하신다면 그분을 신임하시어 소인들의 방해를 막을 수 있다면 가능할 것입니다."

이때 위(衛)나라의 공문자(孔文子)는 장차 태숙(太叔)을 공격하려고 하였다. 이에 그 계책을 공자에게 물었다. 공자는 모른다고 사양하고, 곧 물러나 수레를 준비시켜 떠나려고 하였다: 「새는 나무를 선택하며 서식할 수 있지만, 나무가 어찌 새를 택할 수 있겠는가?」 문자(文子)는 공자를 만류했으나 마침 이때 노(魯)의 계강자(季康子)가 공화(公華), 공빈(公賓), 공림(公林)을 내쫓고 예물을 갖추어서 공자를 불렀으므로 공자는 노(魯)나라로 돌아왔다. 공자는 노(魯)나라를 떠난 지 14년 만에 노(魯)나라로 돌아왔다.

41) 社(사): 25家戶(가호), 즉 당시는 25가구를 1社(사)라고 하였다.

6. 만년

노애공(魯哀公)이 정치에 관해서 묻자 공자가 대답했다: 「정치의 근본은 신하를 잘 뽑는 데 있습니다.」 계강자(季康子)도 정치에 관해서 질문하자 공자가 말했다: 「정직한 사람을 뽑아서 부정직한 사람 위에 놓으면, 부정직한 사람도 정직해집니다.」 계강자(季康子)가 도적이 횡행함을 근심하자 공자가 말했다: 「진실로 높은 자리에 있는 당신 자신이 탐욕을 부리지 않는다면, 비록 상을 준다 해도 백성들은 남의 물건을 훔치지 않을 것입니다.」 그러나 노(魯)나라는 끝내 공자를 등용하지 않았으며, 공자 또한 관직을 구하지 않았다.

공자의 시대에는 주(周) 왕실이 쇠퇴해져 예악(禮樂)은 폐지되었고, 『시(詩)』와 『서(書)』가 제 모습을 잃었다. 이에 공자는 3대의 예(禮)를 추적해 서전(書傳)[42]를 정리했다. 위로는 요(堯)와 순(舜) 임금의 시대부터, 아래로는 진 목공(秦繆公)에 이르기까지 역사기록을 순서대로 정리했다: 「하(夏)나라의 예(禮)는 내가 말할 수 있지만, 기(杞)나라의 것에 대해서는 자료가 부족하다. 은(殷)나라의 예(禮)는 내가 말할 수 있지만, 송(宋)나라의 것은 부족하다. 만약에 문헌이 충분했다면 나는 그것을 증명할 수 있었을 것이다.」

공자는 또 은(殷)과 하(夏) 나라의 예(禮)를 살핀 후 말했

42) 書傳(서전): '상서(尚書)'를 말함이다. 우(虞), 하(夏), 상(商), 주(周) 시대의 역사적 내용들이 기록되어 있는데, 공자가 편찬을 했다.

다: 「비록 백세의 세월이 지났지만 알 수 있었다. 은(殷)나라는 질박함(본질)을 귀히 여겼고, 하(夏)나라는 문채(형식)를 귀히 여겼다. 주(周) 왕조는 하(夏)와 은(殷) 2대의 제도를 귀감으로 삼았기 때문에 그 문화는 참으로 풍성하고 화려하다! 나는 주(周)나라를 따르겠다.」 그러므로 서전(書傳)과 예기(禮記)』 공자로부터 편찬되어 나왔다.

공자가 노나라의 태사(太師)에게 말했다: 「음악도 알 수가 있다. 연주를 시작할 때에는 5음[43]이 조화를 이루고, 그 다음으로는 청순하고, 잘 어울려 끊이지 않고 잘 이어져 여운을 남김으로써 비로소 한 곡이 완성되는 것이다.」 「내가 위(衛)나라에서 노(魯)나라로 돌아온 이후에 비로소 음악이 바르게 되고, 아(雅)와 송(頌)[44]이 각기 본래의 모습을 찾았다.」

옛날에는 시(詩)가 3천여 편이었으나 공자는 중복된 것을 빼고 예의(禮義)에 적합한 것만을 취했다. 위로는 은(殷)의 설(挈)[45]과 주(周)의 후직(后稷)[46]에 관한 것이고, 아래로는 은(殷)과 주

---

43) 五音(오음): 전통음악에서 한 옥타브 안에 쓰인 기본적인 5음률로 '궁(宮) 상(商) 각(角) 치(徵) 우(羽)'를 말한다.

44) 시경(詩經)에는 풍(風), 아(雅), 송(頌) 세 부분으로 나뉜다. '風'은 국풍(國風)으로 백성들이 부르는 노래이고, 아송(雅頌)은 국가의 정악이나, 국가에서 제정한 음악을 말함인데, 아마도 사라진 악보를 다시 수집하여 정리한 것으로 보인다.

45) 설(契): 은(殷)왕조의 시조(始祖)라고 한다.

46) 后稷(후직): 周(주) 왕조의 전설적 始祖(시조).

(周)의 번성함을 노래한 내용을 담았고, 마지막에는 유왕(幽王)[47]과 여왕(厲王)의 실정(失政)에 관한 시(詩)를 담았고 또한 일상적인 남녀도 담았다. 그래서: 「풍(風)」은 「관저(關雎)」 편으로 시작하고, 「소아(小雅)」는 「녹명(鹿鳴)」, 「대아(大雅)」는 「문왕(文王)」 편으로 시작하고, 「송(頌)」은 「청묘(淸廟)」 편이 바로 그것이다. 이렇게 정리한 305편의 시에 공자는 모두 곡조를 붙여 노래를 복원함으로서 전통의 음악 정신을 구현하였다. 예악(禮樂)은 이로부터 회복되어 음악의 역할을 할 수 있게 되었고, 이로써 왕도가 갖추어지고 육예(六藝)[48]가 완성되었다.

공자는 晩年(만년)에 『역(易)』을 좋아하여 '단(彖)', '계(繫)', '상(象)', '설괘(說卦)', '문언(文言)' 편을 정리했다.[49] 그는 죽간을 꿴 가죽 끈이 세 번이나 끊어질 만큼(韋編三絶) 『易』을 읽었다. 그는: 「만약 나에게 몇 년의 시간이 더 있나면, 『易』에 대해서는 그 문사(文辭)와 의리(義理)를 다 통달할 수 있었을 것이다.」라

47) 주(周)나라 제12대 왕. 향락과 주색에 빠져 정사를 돌보지 않았고 견융의 침공으로 리산 기슭에서 살해되었다. 애첩(愛妾) 포사(褒姒)를 위하여 벌인 봉화(烽火)놀이 일화가 유명하다.

48) 六藝(육예): 고대(古代) 중국(中國) 교육(敎育)의 여섯 가지 과목(科目), 곧, 예(禮), 악(樂), 사(射), 어(御), 서(書), 수(數) 등 육학(六學).

49) 彖(彖), '繫(계', '象(상)', '說卦(설괘)', '文言(문언)'은 공자가 '易經(역경)'에 대한 해설을 한 '十翼(십익)'을 말한다. 十翼'이란 경문을 돕는다는 뜻이다. 단전(彖傳) 상·하 2편, 상전(象傳) 상·하 2편, 계사전(繫辭傳) 상·하 2편, 문언전(文言傳), 설괘전(說卦傳), 서괘전(序卦傳), 잡가전(雜家傳)의 7종 10편으로 이루어졌다.

고 하였다.

공자는 '시(詩)', '서(書)', '예(禮)', '악(樂)'[50]을 가르쳤고, 제자가 약 3천명에 이르렀다. 그중 육예(六藝)에 통달한 자도 72명이나 되었다. 그런가 하면 안탁추(顏濁鄒)와 같이 다방면으로 가르침을 받고도 정식으로 입문하지 않아 72명의 제자 중에 들지 못한 자도 대단히 많았다.

공자는 문(文), 행(行), 충(忠), 신(信) 등의 四敎(사요)와 '억측하지 말 것(毋意; 무의)', '독단하지 말 것(毋必; 무필)', '고집하지 말 것(毋固; 무고)', '스스로 옳다고 여기지 말 것(毋我; 무아)' 등의 四絶(사절)을 가르쳤다. 그가 신중히 생각했던 것은 '재계(齋戒)'[51]와 전쟁 그리고 질병이었다. 공자는 '利(이)'와 命(명)과 '仁(인)'에 대해서는 거의 말하지 않았다. 공자는 제자를 가르칠 때 스스로 발분하지 않으면 깨우쳐 주지 않았고, 또 하나를 가르쳐서 깨우치지 않으면 다시 되풀이해서 가르치지 않았다.

공자는 동네에서는 공손하여 마치 말을 못하는 사람과도 같았으나, 종묘나 조정에서는 조리 있게 말을 잘하면서도 신중히 했다. 조정에서 상대부들과 이야기할 때에는 전혀 주눅이 들지 않았으며, 하대부들과 이야기할 때에는 온화하였다.

공자는 군주의 궁문을 들어설 때에는 머리를 숙이고 허리를

---

50) 文(문)은 '시(詩)', '서(書)', '예(禮)', '악(樂)' 등을 말함으로 보인다.

51) 제사를 올리기 전, 몸과 마음을 깨끗이 하고 언행을 삼가는 행위를 말한다.

굽혀 경의를 표했고, 군주 앞에서는 종종 걸음으로 걸었고 단정하게 예의를 차렸다. 왕이 그에게 손님 접대를 명하면, 정성을 다하는 표정이었으며, 왕의 부름이 있을 때에는 마차가 준비될 때까지 기다리지 않고 서둘러 달려갔다.

공자는 생선이 상했거나 고기가 부패했거나 또는 아무렇게나 잡아서 멋대로 잘라놓은 고기는 먹지 않았다. 자리가 바르지 않으면 앉지 않았고, 상(喪)을 당한 사람 곁에서 식사할 때에는 배불리 먹은 일이 없었다. 곡(哭)을 한 날은 종일 노래를 부르지 않았다. 상복을 입은 사람이나 맹인을 보면 비록 그가 어린애라고 할지라도 반드시 표정을 바꾸어 동정을 표시했다.

「세 사람이 걸어가면 그중에는 반드시 나의 스승이 될 사람이 있다.」라고 했으며, 「덕을 닦지 않고, 학문을 강습하지 않고, 의로운 이치를 듣고도 좇아가 행하지 않고, 잘못이 있어도 고치지 않은 것, 이러한 몇 가지가 바로 내가 우려하는 바이다」라고 말했다. 노래를 시켜보아서 잘 부르면 다시 부르게 하고, 그런 다음에는 노래를 따라 불렀다.

공자는 괴이한 것(怪), 폭력(力), 문란한 것(難) 그리고 귀신(神)에 대해서는 말하지 않았다.

자공이 말했다: 「문장(文章)[52]에 대한 선생님의 가르치심은 들을 수 있으나 천도(天道)나 운명(運命)에 대한 가르치심은 들

52) 文章(문장): 생각·느낌·사상(思想) 등(等)을 글로 표현(表現)한 시(詩), 서(書), 예(禮), 악(樂) 등.

을 수 없었습니다.」 안연(顔淵)이 탄식하며 말했다: 「선생님의 도(道)는 우러러볼수록 더욱 높고, 깊이 뚫을수록 더욱 견고하며 앞에 있는가 하고 생각하면 홀연 뒤에 가 있다. 선생님께서는 차근차근 단계적으로 사람을 잘 이끌어주시고, 풍부한 전적과 문장으로 나를 박학하게 해주시고, 예의와 도덕으로 나를 절제하게 하시니, 내가 학문을 그만두고자 해도 그만둘 수가 없었다. 내 재주를 다해 보았지만, 그러나 선생님의 학문은 내 앞에 우뚝 서 있어 아무리 따라가려고 해도 따라갈 방법이 없는 것 같다.」 달항(達巷)지역의 사람들이 말했다: 「공자는 참으로 위대하도다. 그러나 아깝게도 박학하면서도 명성을 얻지 못했다!」 공자가 이 말을 듣고 말했다: 「나는 뭘 잘한다는 말인가? 마부가 될까? 사수가 될까? 나는 마부가 되련다.」 자뢰(子牢)가 말했다: 「선생님께서는 '나는 등용되지 못했기 때문에 많은 기예(技藝)를 배울 수 있었다.」라고 말씀하셨다.

魯 애공(哀公) 14년 봄에 대야(大野)에서 수렵을 했다. 숙손씨(叔孫氏)의 마부 서상(鉏商)이 괴상한 짐승을 잡았는데, 사람들은 이것을 상서로운 일이 아니라고 여겼다. 공자가 그것을 보고 말했다: 「그것은 기린(麒麟)이다.」 그제에서야 그들은 그것을 취(取)하였다.

공자가 말했다: 「옛날처럼 황하에서 다시는 용마가 도문(圖文)[53]

53) 상고의 제왕 복희(伏羲)는 용마가 도문(圖文)을 등에 지고 황하에서 나온 것을 보고 이 도문에 근거하여 팔괘(八卦)를 만들었다고 한다.

을 등에 지고 나타나지 않고, 낙수(洛水)에서 다시는 거북이 서판(書版)[54]을 지고 나타나지 않으니, 나의 희망도 이제는 끝나는가보다.」

안연(顔淵)이 죽자 공자는 말했다. 「하늘이 나를 버리시는구나!」 곡부(曲阜)의 서쪽에서 잡힌 기린을 보자 공자는 말했다: 「도(道)를 행하려는 나의 희망도 이제는 다 끝났구나.」 공자는 탄식하며 말했다: 「나를 알아주는 이는 아무도 없구나!」 자공(子貢)이 말했다: 「어째서 선생님을 알아주는 이가 없다고 하십니까?」 공자가 말했다: 「나는 하늘을 원망하지도 않고, 사람을 탓하지도 않는다. 다만 아래에서 인간사를 배워 위로 천명에 이르고자 했을 뿐이다. 그러니 나를 알아주는 이는 하늘뿐이 아니겠느냐!」 공자가 말했다: 「그 뜻을 굽히지 않고, 그 몸을 욕되게 하지 않은 사람은 바로 백이(伯夷)와 숙제(叔齊)[55]가

古人들은 이 황하에서의 도서(圖書)가 나온 것은 성인이 하늘의 명을 받아 王天下하는 상징으로 여겼으므로, 공자 때에 이러한 상서로움이 없음을 개탄하게 된 것이다. 河圖(하도).

54) 하(夏)의 禹(우) 임금 시절에 洛水(낙수)에서 나온 神龜(靈妙한 거북)의 등에 쓰여 있었다는 글로써 洪範(홍범)의 기초가 되었다고 한다. 이러한 출현 또한 상서로움의 상징으로, 공자는 이러한 상서로움의 징조가 없을 개탄하고 있다. '洛書(낙서)'라고 한다. 洪範(홍범)은 《서경(書經)》 주서(周書)의 편명으로, 중국 하(夏)나라 우(禹) 임금이 홍수를 다스릴 때 하늘로부터 받은 낙서(洛書)를 보고 만들었다고 하는 홍범구주(洪範九疇)가 바로 그것이다.

55) 은(殷) 나라 제후 고죽군(孤竹君)의 두 아들 백이와 숙제. 주 무왕(周武

아닌가!」 또 말했다: 「유하혜(柳下惠)[56]와 소련(少連)[72]은 뜻을 굽히고 몸을 욕되게 했다.」 또 말했다: 「우중(虞仲)[58]과 이일(夷逸)[59]은 은거해 세상사를 논하지 않았고, 행동은 깨끗했으며, 자리에서 물러나 화를 면하는 방법도 시의 적절했다.」 「그러나 나는 그들과 다르다. 가한 것도 없고 불가한 것도 없

王)이 은 주왕(殷紂王)을 치려는 것을 말리다가 무왕이 듣지 않으니, 수양산(首陽山)에 들어가 고사리를 캐어 먹으며 숨어 살다가 굶어 죽었다. 이제(夷齊). 백이는 성(姓)이 묵(墨), 이름 윤(允), 자 공신(公信), 시호가 夷이고, 숙제는 이름 지(智), 자 공원(公遠), 시호가 齊이며, 형과 아우의 의미를 가지는 '伯'과 '叔'을 써서 '伯夷叔齊'라고 한다.

56) 柳下惠(유하혜): 유하혜는 노(魯)나라 벼슬을 하면서 세 차례나 쫓겨났다. 그러면서도 떠나지 않고 '정직한 태도로 임금을 모시면 어느 나라를 가더라도 세 차례를 쫓겨나지 않겠는가? 道를 굽혀서 임금을 섬긴다면 어찌 굳이 부모의 나라를 떠날 것인가'라는 대답을 했다. 말이 도리에 맞고 행동이 이치에 맞음을 공자는 논어 미자(微子)편에서 평한 바가 있다.

57) 少連(소련): '소련'의 행적은 알 수가 없다. 다만 朱子(주자) 論語(논어) 注(주)에 '東夷(동이)' 사람으로, '몸가짐이 바른 사람으로, 3일을 게을리 아니하고, 석 달을 해이하지 아니하고, 1년을 슬퍼하고, 년을 근심하였다'고 하였다. 이에 공자는 '유하혜와 소련은 뜻을 굽히고 몸을 욕되게 하였으나 말이 의리에 맞았고, 행실이 사려에 합당했다'라는 평을 볼 수 있다.

58) 虞仲(우중)은 '仲雍(중옹)'이라는 설이 있다. 임금으로 추대하자 몸에 문신을 새기고 머리를 잘라 임금이 될 수 없음을 항변했다고 한다.

59) 夷逸(이일): 어떤 사람이 벼슬하기를 권하자, 그는 고생하는 한 마리의 소가 될지언정 편한 犧牲(희생), 즉 제사를 위해 쓰이는 산 짐승이 되지는 않겠다고 하였다.

다.」[60]

공자가 말했다: 「안 되지, 안 돼. 군자는 죽은 후에 이름이 알려지지 않을 것을 걱정한다. 나의 도가 행해지지 않았으니 그럼 나는 무엇으로 후세에 이름을 남기겠는가?」 이에 공자는 역사의 기록에 근거해서 『春秋(춘추)』[61]를 지었다. 위로는 은공(隱公)에서 아래로는 애공(哀公) 14년까지 12공(十二公)의 시대를

60) 이 말은 《論語(논어)》 微子篇(미자편)에도 나와 있다. 伯夷(백이), 叔齊(숙제), 虞中(우중), 夷逸(이일), 柳下惠(유하혜), 少連(소련) 등이 있었다. 孔子(공자)는 말씀하셨다. "그 뜻을 굽히지 않고 그 몸을 욕되게 하지 않는 것은 백이와 숙제다." 또 유하혜와 소련에 대해서는 이렇게 말씀하셨다. "뜻을 굽히고 몸을 욕되게 했으나 하는 말이 도리에 맞고 하는 행동이 이치에 맞았다." 또 우중과 이일을 놓고 이렇게 말씀하셨다. "숨어 살며 말을 함부로 했으나 몸을 깨끗이 지녔고 버린 것이 권도에 맞았다." 공자는 끝으로 말하기를, "나는 이들과는 다르다. 나는 꼭 옳다는 것도 없고, 옳지 않다는 것도 없다(我則異於是, 無可無不可; 아측이어시, 무가무불가)." 즉 공자는 벼슬해야 할 경우는 벼슬을 하고 벼슬을 하지 말아야 할 때는 관직을 그만두고 행동에 중용을 지켜 어긋남이 없다는 것을 주장하고 있다.

61) 春秋(춘추)는 孔子가 편찬한 역사책 이름이다. 최초의 편년체(編年體) 역사서로서, 춘추 시대 노(魯)나라 은공(隱公)으로부터 애공(哀公)에 이르기까지 12공(公) 242년간의 기록을 담고 있다. '춘추'라는 말은 시간의 추이(推移)를 상징한 춘하추동(春夏秋冬)의 약어로서 '일 년간(一年間)'이라는 뜻인데, 본래는 주 왕조(周王朝) 치하 각 제후국의 독자적인 편년사를 가리키는 통칭이었다. 孔子의 《춘추》는 본래 노(魯)나라의 사관(史官)이 기록한 궁정 연대기(宮廷年代記)였는데, 여기에 공자(孔子)가 독자적인 역사의식과 가치관을 가지고 첨삭(添削)을 가함으로써 단순한 한 나라의 연대기 이상의 의미를 지니게 된 것이다.

포괄했다. 『春秋(춘추)』는 노(魯)나라의 역사를 중심으로 삼고, 주(周)나라를 종주로 하고 은(殷)나라의 제도를 참작해 하(夏), 상(商), 주(周) 3대의 법률을 계승하고 있다. 그 문사(文辭)는 간략하지만 제시하고자 하는 뜻은 넓었다. 이런 까닭에 吳(오)나라와 楚(초)나라의 군주가 왕을 자칭했지만 『春秋』에서는 그것을 낮추어, 본래의 작위(爵位)인 자작(子爵)으로 칭했다. 천토(踐土)의 회맹(會盟)은 실제로는 제후가 주나라의 천자를 부른 것이지만 '春秋'에서는 그 사실을 피해서, "천자(天子)가 하양(河陽)으로 수렵을 나갔다"라고 기록했다. 이런 사안들을 들어서 당세(當世)의 법통을 바로잡는 기준으로 삼았다. 이와 같은 제후들에 대한 폄손(貶損)의 뜻은 후에 군주가 될 사람들이 이를 참고해 실행하게 하는 데 있다. '春秋'의 대의(大義)가 행해지게 되면 곧 천하의 난신적자(亂臣賊子)들이 두려워하게 될 것이다.

공자는 지난날 소송안건을 심리했을 때는 다른 사람과 의논했으며 결코 자기 혼자서 판단을 내리지 않았다. 그러나 '春秋(춘추)'를 지을 때에는 결단코 기록할 것은 기록하고 삭제할 것은 삭제했기 때문에 자하(子夏)와 같은 제자들도 한마디 거들 수가 없었다.

공자는 말했다: 「후세에 나를 알아주는 사람이 있다면 '春秋(춘추)' 때문일 것이며, 나를 비난하는 사람이 있다면 그 역시 '春秋' 때문일 것이다.」

그 다음해 자로(子路)가 위(衛)나라에서 죽었다. 공자가 병이 나서 자공이 뵙기를 청했다. 공자는 마침 지팡이를 의지하여 문 앞을 거닐고 있다가 물었다. "사(賜)야, 너는 왜 이렇게 늦게 왔느냐?" 그리고 탄식하며 노래를 불렀다.

태산이 이렇게 무너질 것인가!
기둥이 이렇게 부러질 것인가!
철인(哲人)이 이렇게 시들어갈 것인가!

자공(子貢)에게 말했다: 「천하에 도가 없어진 지 오래되었다! 아무도 나의 주장을 믿지 않는다. 장사를 치를 때 하(夏)나라 사람들은 유해를 동쪽 계단에 모셨고, 주(周)나라 사람들은 서쪽 계단에 모셨으며, 은(殷)나라 사람들은 두 기둥 사이에 모셨다. 어제 밤에 나는 두 기둥 사이에 앉혀 사람들의 제사를 받는 꿈을 꾸었다. 나의 조상은 원래 은(殷)나라 사람이었다.」

그 후 7일이 지나서 공자는 세상을 떠났다. 그때 공자의 나이는 73세로, 노(魯) 애공(哀公) 16년 4월 기축일(己丑日)의 일이었다.

애공(哀公)이 그를 애도하였다: 「하늘도 무심해 이 노인마저 데려가셨도다! 나를 혼자 버려두시다니! 아, 슬프다! 이부(尼父)[62]여, 내 다시는 스스로 예법(禮法)에 얽매이지 않으리라!」

자공(子貢)은 말했다. 「애공(哀公)은 아마도 노(魯)나라에서 천

62) 尼父(니부)는 공자에 대한 존칭이다. 공자의 자가 '仲尼(중니)'다.

명을 다하실 수 없을 것이다![63] 선생님께서 이전에 말씀하시기를 '예법을 잃으면 질서가 무너지고, 명분을 잃으면 잘못을 범한다. 의지를 잃는 것은 혼란이고, 당위성을 잃는 것은 과실이다'라고 하셨는데, 살아생전에 重用(중용)하지 않으시고 죽은 후에 哀悼(애도)하는 것은 곧 예의가 아니요, 그리고 또 제후(諸侯)의 신분으로 '余一人(여일인)'[64]이라고 칭하는 것은 실로 명분에 맞는 말이 아닙니다.」

공자는 노(魯)나라 도성 북쪽의 사수(泗水) 부근에 안장되었다. 제자들은 모두 3년간 상복(喪服)을 입었다. 그들은 마음에서 우러나는 슬픔으로 3년 상을 치렀다. 어떤 제자는 더 머무르기도 했다. 오직 子貢만은 무덤 옆에 여막(廬幕)을 짓고 6년을 더 지키다가 떠나갔다.

후에 공자의 제자들과 노(魯)나라 사람들이, 무덤가에 와서 집을 짓고 산 사람들이 1백여 가구나 되었으며, 이로 인해 이곳을 '孔里(공리: 공자 마을)'라고 불렀다.

노(魯)나라에서는 대대로 새해를 맞을 때마다 공자의 무덤에

---

63) 애공(哀公)은 삼환(三桓)의 난으로, 위(衛), 추(鄒), 월(越) 등의 나라를 전전하며, 결국은 노(魯) 대부(大夫)인 유산(有山)의 집에서 죽었다.

64) 원문에는 魯(노)의 哀公(애공)이 죽은 공자를 애도하면서 자신을 '余一人(여일인)'이라고 칭하고 있음을 볼 수 있다. '余一人'은 그 당시 '天子'가 자신을 낮추어 이르는 말이므로, 일개 諸侯(제후)의 신분인 哀公(애공)의 신분으로는 그러한 호칭을 쓸 수 없음을 이르는 말이다.

제사를 지냈으며, 많은 유생(儒生)들도 이곳에 모여서 예의(禮義)를 논하고 향음례(鄕飮禮)[65]를 행하고 활쏘기 등을 거행했다. 공자의 무덤은 크기가 1경(頃)[66]이나 되었다.

공자가 살던 집과 제자들이 쓰던 내실은 훗날 공자의 묘(廟)로 만들어져, 공자가 사용하던 의관과 거문고, 수레, 서적 등이 소장되었는데, 그것은 한(漢)나라에 이르기까지 2백여 년 동안이나 그대로 보관되고 있었다.

고황제(高皇帝)[67]가 魯(노) 나라를 지나게 되었을 때 태뢰(太牢)[68]로써 공자의 묘에 제사를 지냈다. 그 후 제후(諸侯), 경대부(卿大夫) 등이 부임하면 항상 먼저 공자의 廟(묘)를 참배한 연후에 정사(政事)에 임했다.

태사공(太史公)[69]은 말한다: 「'시경(詩經)에 높은 산은 우러러 보고, 큰 길은 따라 간다'라는 말이 있다. 내 비록 그 경지에 이

65) 사전에 '예전에 유생(儒生)이 모여 향약(鄕約)을 읽고 술을 마시며 잔치하던 일'이라는 설명을 볼 수 있다.

66) 頃(경)은 면적의 단위로, 각 시대마다 그 넓이가 다르다. 주(周)의 시대에서는 그 넓이는 24,326㎡에 해당한다고 한다.

67) 漢(한)나라를 세운 劉邦(유방)을 말함이다.

68) 大牢(대뢰)라고도 한다. 나라의 제사에 소·양·돼지를 아울러 바치는 것. 뒤에는 소만 바치는 것을 말한다. 즉 '소 등을 통째로 바쳐, 크게 제사를 지내는 일을 말한다.

69) 사마천(司馬遷)은 사기(史記)에서 하나의 사실(인물)을 서술한 다음 맨 마지막에 '태사공왈(太史公曰)'이라고 적고, 자신의 의견이나, 사평(史評)을 적어놓는다.

르지는 못할지라도 마음은 항상 그를 동경하고 있다. 나는 공자(孔子)의 저술을 읽어보고, 그 사람됨이 얼마나 위대한 가를 상상할 수 있었다.

노(魯)나라에 가서 공자의 묘당, 수레, 의복, 예기(禮器)를 참관했고, 여러 유생들이 때때로 그곳에서 예(禮)를 익히고 있음을 보았고, 나 또한 경모(敬慕)하는 마음이 우러나 머뭇거리며 그곳을 떠날 수가 없었다. 역대로 천하에는 군왕(郡王)에서 현인(賢人)에 이르기까지 많은 사람들이 있었지만 모두 살아있을 때는 영화로웠으나 일단 죽으면 그것으로 모든 것이 끝나고 만다. 그러나 공자는 포의(布衣)로 평생을 보냈지만 10여 세(世)를 흘렀어도 여전히 학자들이 그를 추앙한다. 천자(天子) 왕후(王侯)로부터 나라 안의 육예(六藝)를 담론하는 모든 사람들에 이르기까지 모두가 다 공자의 말씀을 판단기준으로 삼고 있으니, 그분은 참으로 최고의 성인(至聖; 지성)이라고 말할 수 있겠다.」

제3장 論語 精選

學而篇(학이편)

論語 精選 01

子曰:「學而時習之, 不亦說乎? 有朋自遠方
자 왈　학 이 시 습 지　불 역 열 호　유 붕 자 원 방
來, 不亦樂乎? 人不知而不慍, 不亦君子乎?」
래　불 역 낙 호　인 부 지 이 불 온　불 역 군 자 호

(學而 第一)

공자께서 말씀하시기를 「배우고 때때로 익히면 또한 기쁘지 아니한가? 벗이 멀리서 찾아오면 또한 즐겁지 아니한가? 남이 알아주지 않아도 성내지 않으면 또한 군자가 아닌가?」라고 하였다.

漢字

學(배울 학)	而(말 이을 이)	時(때 시)	習(익힐 습)
說(기꺼울 열)	亦(또한 역)	朋(벗 붕)	遠(멀다 원)
樂(즐거울 낙)	知(알지)	慍(성낼 온)	君(임금 군)

註釋

1) 子(자): 존칭으로 先生의 뜻. 여기서는 孔子를 지칭한다.

2) 學(학): 朱子(주자)는 '效(본 받을)'로 해석하고 있다. '선인의 도를 본받다'의 뜻이다. '詩(시)·書(서)·禮(예)·樂(악)' 등을 배운다.

3) 時(시): 때때로. 수시로.

4) 習(습): '習' 자는 羽(깃 우)와 白(白은 自, 自는 원래 鼻의 뜻)이 합한 글자, 새끼 새가 어미 새를 본받아 여러 번 날면 숨결이 입과 코로 나오므로, 새끼 새가 나는 법을 익힌다는 뜻이다. 그러므로 무조건 복습하는 뜻이 아니고, 새가 자주 날아 스스로 나는 법을 배워 익히듯 복습하여 익히는 것을 말한다.

5) 不亦(불역): 또한 하지 아니한가?

6) 說(열): 공자시대에는 '기뻐할 열(悅)' 자가 없어, 이에 소리가 같은 '說' 자를 가차(假借)하여 사용하였다.

7) 君子(군자): 인격적으로 완성된 사람. 또는 권력을 가진 사람을 말한다. 여기서 덕을 갖춘 사람을 말함이다.

8) 慍(온): 성내다. 화내다. 원망하다.

論議

본문의 글은 공자(孔子)의 논어(論語) 제1편 학이(學而)편 첫 장에 나오는 말이다. 논어(論語)의 첫 장(章)은 논어(論語)에서 말하고자 하는 내용을 단 세 구절로 요약한 것으로 볼 수 있다. 즉 '배움과 실천', '인간관계', '자기수양'이 그것이다.

대체적으로 첫 구절을 '배우고 익히면 즐겁지 않은가?'라고 새기는데, 이는 '習(습)' 자를 '복습하다'로 보기 때문이다. 그러나 楊伯峻(양백준)은 자신의《論語譯注(논어역주)》에서 禮記(예기) 등의 古書(고서)에서 사용된 '習' 자의 용례를 근거로, '習'을 '실습하다', '연습하다'로 풀이하고 있음을 볼 수 있다. 즉 '習'은 '배운 것을 그대로 따라한다'는 의미이고, 더 나아가 배운 것을 그대로 따라 실천한다는 의미가 될 것이다. 배운 것을 반복해서 익히기만 한다면 무슨 소득이 있겠는가? 孝(효)를 배웠으면 孝(효)를 본받아 그대로 실천하고, 善(선)을 배웠으면 善을 행하는 실천이야말로 진정한 배움이 아니겠는가?

'習' 자는 羽(깃 우)와 白(흰 백)으로 이루어졌는데, 갑골문에서는 '白'이 아니라 '日(해 일)'이라고 한다. 즉 새들이 낮에 날갯짓을 되풀이해서 배운다는 의미를 가지는 글자다. 넘어지고 코가 깨지면서 그래도 포기하지 않고 꾸준히 연습하고, 연습한 것을 실천에 옮겨 날아보고, 결국에는 수만리 창공을 날아다니는 새가 되고, 성공의 희열을 맛보게 되는 것이다.

'不亦說乎'에서의 '說'은 '悅(기쁠 열)'의 의미를 가지는 글자다. '喜悅(희열)'이라는 의미를 새겨보자. '희열'은 마음속에서 끓어오르는 기쁨인 것이고, 기쁨을 마음속으로 느끼고 겉으로 드러내지 않는 것이다. 배워서 이치를 깨우치고 실천하여 보람을 느끼는 이러한 희열은 자신만이 느낄 수 있는 것이지, 나 아닌 남의 손에 쥐어줘도 알 도리가 없는 것이다. 조용히 그리고 음미하면서 '學而時習之, 不亦說乎' 한 마디를 읊어보고 곱씹어봐라, 누구라도 할 수 있는 평범한 이 한 마디가 많은 것을 느끼게 하고 자신에게 변화를 줄 것이다. 이것은 바로 論語의 정신인 것이다. 문제는 실천이다.

중국어에 '朋友'라는 말이 있다. 그냥 '친구', '벗'이라고 해석되지만, '같은 스승을 모시는 사이(同師爲朋)'를 '朋(붕)'이라고 하고, '뜻이 같은 사이(同志爲友)'를 '友(우)'라고 한다. 같은 스승을 모시고 뜻한바가 같으면 '朋友'인 것이다. 그 옛날 서울에서 전라도 광주까지 동문수학하고 또한 이상이 같은 朋友가, 한 달을 넘게 걸어서 나를 찾아왔다고 한다면 그 진한 감동과 기쁨이 그 무엇과 비견될 수 있겠는가?

'樂(악)'이라는 글자는, 큰 북이 나무받침에 받쳐져 있는 모양으로, '악기' '음악'을 나타내는 글자에서 음악은 사람들에게 즐거움을 준다고 인용되고, '즐거울 낙'으로 응용되어 쓰이는 글자다. '樂'은 그 기쁨이 얼굴에 나타나는 것이다. 음악을 들으면서 같이 따라 부르거나 덩실덩실 춤을 추면서 자신의 기쁨을 겉으로 드러내는 그러한 글자다. 앞의 '悅' 자 하고는 무척이나 대비되는 분위기다.

'慍'은 '성내다'의 뜻이고, '不慍'은 '분노하지 않는다'라는 의미이다. 내가 덕을 쌓고, 학식이 깊고, 고상한 인격을 갖추고, 원대한 이상(理想)을 간직하고 있음에도, 그 누구도 알아주거나 이해해주는 이 없지만, 묵묵히 자신의 도리를 다하고 자연에 순응하며 살아가는 것이다. 이러한 태도야 말로 儒家(유가)에서 최고의 이상으로 여기는 수양과 도덕을 겸비한 진정한

君子(군자)인 것이다.

오늘날 사회에서 요구하는 배움과 익힘은 직업선택을 위한 지식과 기능에 초점이 맞춰져 있고, 모든 것이 성과와 결과만을 묻는 그러한 배움이다. 그러나 공자의 말씀대로 묵묵히 배우고, 배운 것을 실천하면서, 인간관계를 원활하게 이어가고, 최선을 다하노라면 좋은 성과도 있을 것이고, 남이 우러러보는 그러한 군자의 명성을 얻게 될 것이다.

論語精選 02

有子曰:「其爲人也孝弟, 而好犯上者, 鮮矣; 不好犯上, 而好作亂者, 未之有也. 君子務本, 本立而道生. 孝弟也者, 其爲仁之本與!.」

유자왈 기위인야효제 이호범상자 선의 불호범상 이호작난자 미지유야 군자무본 본립이도생 효제야자 기위인지본여

(學而 第二)

有子가 말하기를「그 사람됨이 부모에게 효도하고 윗사람을 공경하면서 윗사람을 범하기를 좋아하는 자가 드무니, 윗사람을 범하기를 좋아하지 않고서 난(亂)을 일으키기를 좋아하는 자는 있지 않다. 군자는 근본에 힘쓰니 근본이 확립되면 인(仁)의 도(道)가 살아난다. 효(孝)와 제(悌)는 그 인(仁)을 행하는 근본일 것이다.」라고 하였다.

漢字

爲(될 위) 孝(효도 효) 弟(아우 제) 好(좋아할 호)
犯(범할 범) 鮮(적을 선) 作(지을 작) 亂(어지러울 난)
未(아닐 미) 務(힘쓸 무)

註釋

1) 有子(유자): 孔子의 제자 '有若'을 말함이다.
2) 孝弟(효제): '孝'는 자식이 부모를 모실 때의 恭遜(공손)한 태도를

말함이다. '弟'는 '悌'(공경할 제)로, 웃어른을 공경하고 순종한다는 의미이다. 논어에서는 '弟(아우 제)'는 모두 '悌(공경할 제)'의 의미를 가진다. 당시에 '悌' 자가 만들어지지 않아서 '弟'를 '悌' 자로 빌어서 썼다.

3) 爲人(위인): (1) 사람의 됨됨이. (2) 됨됨이로 본 그 사람.

4) 犯上(범상): (1) 신하가 임금에게 하여서는 안 될 짓을 하다. (2) 아랫사람이 윗사람에게 하여서는 안 될 짓을 하다.

5) 作亂(작난): 난리를 일으키다.

6) 務本(무본): 근본에 힘쓴다, '務'는 '충실하다, 힘을 쏟다'의 의미를 가지다. '本'은 '根(뿌리 근)'과 같다. '務本'은 孝悌와 같은 인간이 지켜야 할 근본(根本)에 충실해야 한다는 의미이다.

7) 本立而道生(본립이도생): 근본이 확립(確立)된 후에야 '道(사람으로서의 正道)'가 저절로 생긴다.

8) 爲仁(위인): '仁'을 행하다. '仁'을 실천하다. '仁'을 완성하다. '爲仁之本'은 '仁을 행하는 근본이다'라고 해석하기도 하고(朱子), '仁의 근본이 된다'라고 보기도 한다(茶山).

9) 與(여): 歟(어조사 여)와 같다. 論語에서는 '歟'를 '與'로 썼다.

論議

論語에서 제일 많이 볼 수 있는 말은 '子曰'이다. '子'는 공자의 존칭이므로, '子曰'은 '공자의 말씀'이라는 의미이다. 論語에서 성씨와 함께 존칭인 '子' 자가 붙는 경우가 모두 세 사람이다. '子曰'에서 孔子가 한 분이고, 나머지는 본문에서 나오는 '有子'라는 사람이고, 다른 한 사람은 '曾子(증자)'이다. '有子'와

'曾子'는 공자의 제자인데, 각각 '有若(유약)'과 '曾參(증삼)' 두 사람이다. 이 두 제자가 공자의 말씀을 집대성하여 《論語》을 완성시켰다고 한다. 이에 존칭인 '子'를 성씨 뒤에 써서 높인 것이고, 나머지는 성씨 앞에 '子' 자를 넣어 子張(자장), 子游(자유), 子路(자로), 子夏(자하), 子貢(자공) 등으로 불리고 있음을 볼 수 있다. 숭고한 도덕과 수양을 쌓고, 심오한 학식을 두루 갖춰야 비로소 '子'의 칭호가 붙는 것이다. 老子(노자), 莊子(장자), 孟子(맹자), 荀子(순자), 韓非子(한비자), 墨子(묵자), 朱子(주자) 등이 그러하다.

有子의 관점은 실질적으로 공자의 관점인 것이다. 유가는 '孝悌'를 '仁'의 근본으로 보고 있고, '孝悌'의 실천이야말로 사회가 안정되고 천하가 태평하게 된다고 보았던 것이다.

'君子務本'에서의 '本'은 '나무 밑의 뿌리'를 나타내는 글자다. 잎과 가지가 무성한 나무는 그 뿌리가 튼튼하기 때문이다. 뿌리가 있는 까닭은 무엇인가, 잎과 나뭇가지를 무성하게 하여 아름다운 꽃과 열매를 맺고자 함이 아닌가, 마찬가지로 사람됨의 뿌리는 孝悌이고, 그 착한 심성에서 자신의 이상과 하고자함을 완성하는 것이다. '仁'은 두 사람이란 의미를 가지는 글자다. 자신만을 위하는 것은 결코 선이 아니고, 덕이 아닌 것이다. 서로의 조화를 이루고 더불어 사는 마음가짐이야말로 진정한 현대를 살아가는 참인간인 것이다. 이러한 仁의 마음가짐은 하루아침에 어디서 가져올 수는 없는 법이다.

평상시 부모님을 마음으로부터 효도하고, 형제간에 우애하면서 웃어른을 공경하는 사람은 사회 질서를 어지럽히고 남을 해코지 하는 경우는 없는 법이다. 근본이 잘 갖추어지면 사람으로서의 정도는 저절로 생기게 되고, 사회가 우러러보는 진정한 군자가 되는 것이다. 孝悌는 바로 仁德의 근본이 되고, 사람에게 효도와 공경은 착한 본성이 드러난 가장 고귀한 근본이다.

論語精選 03

子曰:「巧言令色, 鮮矣仁.」 (學而 第三)
자 왈 교 언 영 색 선 의 인

공자께서 말씀하시기를「교묘한 말과 아첨하는 얼굴을 하는 사람은 착한 사람이 적다.」라고 하였다.

漢字

巧(아름답다 교) 言(말씀 언) 令(좋다 영) 色(빛 색)

註釋

1) 巧言(교언): 교묘하게 말을 꾸밈. 아첨하는 말.
2) 令色(영색): '令'은 '美(아름답다)'의 의미를 가진다. '예쁜 척하다'. '착한 척 얼굴빛을 꾸미다' 등으로 해석된다.
3) 鮮(선): 드물다. 적다.

論議

공자는 교언영색(巧言令色)하는 사람은 진실 되지 못하고, 仁德이 없는 사람이라고 폄하하셨다. 잘난 척 허풍을 떨고, 말을 꾸미는 것을 '巧言(교언)'이다. 중국의 한문에서 '色'은 대체적으로 '顔色(안색)', 즉 '얼굴 빛'을 말하고 있음을 볼 수 있고, '令(영)'은 '아름답다'의 의미를 가지는 글자이기도 한다. 그러므로

'令色'은 '꾸민 낯 빛'의 의미이다. 잘난 척하고 교묘한 말과 알랑거리는 얼굴을 뜻한다.

중국에서 관리를 등용할 때 평가하는 네 가지의 기준이 바로 신언서판(身言書判)이다. '신(身)'은 사람의 풍채와 용모로 처음 대했을 때가 첫째 평가기준이라는 것이다. 인상은 그 사람의 품성을 나타낸다고 여겼기 때문이다. 이어 '언(言)'은 그 인물의 언변을 이르는데, 뜻이 깊고 지혜가 많은 이들은 말에도 조리가 있다고 판단했다. '서(書)'는 글씨를 이르는데, 예로부터 글씨는 그 사람의 됨됨이를 말해 주는 것이라 했다. 끝으로 '판(判)'은 사람의 문리(文理), 곧 사물의 이치를 깨닫는 판단력을 뜻한다.

그러나 겉으로 드러난 모습과 언변으로 한 사람을 평가하기는 실로 어려운 일이다. 그렇다고 써보고 장관이든 대통령이든 뽑을 수 없지 않은가? 화려한 무대 의상과 교언영색, 눈물 등은 히틀러의 전형적인 무기라고 한다. 이에 독일 국민들은 그의 언변에 속지 않았다면, 선거에서 뽑아주지 않았다면 참혹한 2차 세계대전은 일어나지 않았을 것이다. 이런 겉모습에 70여 년 전 독일인들은 속은 것이다. 2차 대전 중 괴벨스는 말했다. "우리는 국민에게 강요하지 않았다. 그들이 우리에게 위임했다." 우리는 우리의 손으로 시장이든 국회의원이든 심지어는 대통령을 선출한다. 아무쪼록 잘 판단하여 후회 없는 선택을 해야 할 것이다.

論語精選 04

曾子曰:「吾日三省吾身, 爲人謀而不忠乎? 與
증 자 왈 　 오 일 삼 성 오 신 　 위 인 모 이 불 충 호 　 여

朋友交而不信乎? 傳不習乎?」 (學而 第四)
붕 우 교 이 불 신 호 　 전 불 습 호

曾子가 말기를 「나는 하루에도 여러 번 자신을 반성한다. 남을 위해 일을 함에 있어 충실하지 아니했는가. 친구와 사귐에 있어 신의를 잃지는 아니했는가. 스승에게서 배운 것을 익히지 아니했는가?」라고 하였다.

漢字

省(반성할 성) 身(나 자신 신) 爲(위할 위) 謀 (꾀할 모)
忠(진심 충) 與(더불어 여) 朋(벗 붕) 交(사귈 교)
信(믿을 신) 傳(전할 전) 習(익힐 습)

註釋

1) 曾子(증자): 공자의 제자. 공자보다 46살 아래로 공자의 제자 중에 가장 나이가 어렸지만, 성인의 일관된 도의 오묘한 이치를 깨달아 子思에게 학통을 전하여 후세에 宗聖(종성)으로 불리게 되었다. 맹자는 두 번째 성인이라고 해서 아성(亞聖)이라고 불린다.
2) 傳(전): 스승에게 배운(學)것, 스승이 전수한 것. '傳不習乎'는 스승으로부터 전수받은 것을 잘 익히지 못했는가? 혹은 자기 자신도 잘 익히지 못한 것을 남에게 전하지나 않았는가?라는 설도 있다.

論議

"曾子曰 吾日三省吾身 爲人謀而不忠乎 與朋友交而不信乎 傳不習乎(증자왈 오일삼성오신 위인모이불충호 여붕우교이불신호 전불습호)"는 '論語'〈학이편〉의 네 번째 글이다. 공자의 제자 중에서 효행으로 으뜸이었던 증자(曾子)의 말이다.

'三省吾身(삼성오신)'을 두고 '하루에 세 번 반성한다'고 번역하는 사람이 있고, '세 가지로써 반성한다'고 해야 맞는다고 하는 사람도 있다. '三省'의 '三'은 '여러 번'이라는 의미이고, '不忠乎', '不信乎', '不習乎'가 있다고 해서 '세 가지를 반성한다'든지, 아니면 '하루에 세 번 반성한다'라고 새긴다면 문제가 있다고 본다. 만약 '하루에 세 번 반성한다'라고 했다면, 曾子는 '日省者三'이라고 명확히 했을 것이다. 하루에 네 번은 '日省者四', 다섯 번은 '日省者五'라고 했을 것이다.

하루에도 몇 번이고 내 자신을 돌아보고 다짐을 하는데, 그것은 '忠'과 '信' 그리고 '習'이다. 여기서 '忠'을 국가와 상사에게 충성하는 것이라고 하는데, 주자(朱子)는 충(忠)을 '盡己之謂忠(진기지위충)'이라 했다. 곧, 자신을 다하는 마음이 충이라는 말이다. 자신에게 주어진 최선의 능력을 다하는 것이 '忠'인 것이다. 관리는 최선을 다하여 국가와 사회에 헌신하고, 군인은 최선을 다하여 나라를 지키고, 장사꾼은 정직하게 장사를 하는 것이 충인 것이면, 스승은 정성을 다하여 아이들을 바르게 이끄는 것이 忠인 것이다.

그 다음이 '信'인데, 공자가 살던 시대나 지금이나 '믿음'은 사회생활을 하는데 최고의 덕목인 것이다. 지도자가 백성에게 믿음을 주지 못하고, 윗사람이 아랫사람에게 믿음을 주지 못하고, 친구를 믿지 못한다면 또한 믿음을 받지 못한다면 그 무엇도 이룩할 수가 없고, 낙오자가 되는 것이다.

'習'에 대한 논의는 첫 장에서 충분히 논의되었다고 본다. 儒家(유가)에서의 '習'은 실천인 것이다. 스승으로부터 아니면 책에서 배운 것을 몸소 실천하는 것이다.

論語 精選 05

子曰:「弟子, 入則孝, 出則弟, 謹而信, 汎愛衆
자왈 제자 입즉효 출즉제 근이신 범애중

而親仁. 行有餘力, 則以學文.」 (學而 第六)
이친인 행유여력 즉이학문

孔子께서 말씀하시기를 「젊은 사람들은 집 안에 들어가서는 효도하고, 집 밖을 나와서는 공손하며, 삼가고 믿음 있게 하며, 널리 사람을 사랑하되 어진 사람은 더욱 친하게 해야 한다. 이러한 것을 행하고 남은 힘이 있거든 글을 배워야 한다.」라고 하였다.

漢字

弟(아우 제) 則(곧 즉) 悌(공경할 제) 謹(삼갈 근)
汎(뜰 범) 衆(무리 중) 親(친할 친) 餘(남을 여)

註釋

1) 弟子(제자): 여기서는 나이가 어린 젊은 사람을 말한다.
2) 入(입): '進入(진입)'한다는 의미로, 부모님이 계시는 집안에 들어서면 효도를 해야 한다는 의미이다.
3) 則(즉): 則(곧 즉; 규칙 칙)은 접속사로 '즉', '…하면'의 의미를 가진다.
4) 出(출): 나가다. 외출하다.

5) 謹(근): 삼가다. 경계하다. 여기서는 '寡言(과언)', 즉 '말을 많이 하지 않다'의 의미를 가진다.

6) 汎(범): 널리 차별 없이. '汎'(뜰 범; 넓다 범)은 '泛'(뜨다; 넓다) 자와 같다.

7) 衆(중): 일반대중. 보통사람. 衆(무리 중; 많은 사람 중)

8) 親仁(친인): 여기서의 '親'(친할 친)은 동사로 '가까이 하다'의 의미를 가지고, '仁'은 '仁人', 즉 어진사람을 말함이다.

9) 以(이): 여력을 이용해서. '以'(써 이) 자 다음에 오는 '餘力'(남는 힘)이 생략된 형태다.

10) 文(문): 고대의 모든 전적(典籍). 전적에서의 지식.

論議

가정은 사회구성에 최소 단위이다. 양보와 질서가 있는 건강한 사회를 형성하는데 화목한 가정이 그 바탕이 되는 것이다. 공자는 '孝悌'를 '仁'의 근본으로 보았기 때문에 사람들로 하여금 '孝悌'의 실천을 요구하였다. 그 다음으로 중요한 것은 言行이고, 학문은 그 다음에 두었다. 우리는 공자의 이러한 언행에서 사람을 평가할 때 '德'을 '才(재주 재)'보다 우선시하고 중요하게 생각했음을 볼 수 있다.

論語 精選 06

子夏曰:「賢賢易色; 事父母, 能竭其力; 事君, 能致其身; 與朋友交, 言而有信. 雖曰未學, 吾必謂之學矣.」

자하왈 현현역색 사부모 능갈기력 사군 능치기신 여붕우교 언이유신 수왈미학 오필위지학의

(學而 第七)

子夏가 말하기를「어진 이를 어질게 여기길 마치 아름다운 여인을 좋아하듯 하고, 부모를 섬기길 온힘이 다하도록 하며, 임금을 섬길 때에는 온몸을 다 바치며, 벗과 사귈 때에는 말에 믿음이 있도록 한다면 비록 배우지 않았다고 말하더라도 나는 반드시 그를 배운 사람이라 할 것이다.」라고 하였다.

漢字

夏(여름 하)	賢(어질 현)	易(바꿀 역)	事(섬길 사)
竭(다할 갈)	能(능할 능)	致(보낼 치)	雖(비록 수)

註釋

1) 子夏(자하): 공자의 제자, 卜商(복상).
2) 賢賢(현현): 앞의 '어질 현(賢)' 자는 동사로 '어질게 보다', '존중하다'의 의미이고, 뒤의 '賢' 자는 명사로 賢人, 또는 현덕함을 말한다.
3) 易色(이색): 아래 "論議" 참조.

論議

'賢賢易色'은 '易'과 '色'의 풀이에 따라 '현현역색' 또는 '현현이색'으로 읽을 수 있다.

> 易地思之(역지사지): 처지(處地)를 서로 바꾸어 생각하다.
> 萬世不易(만세불역): 오래토록 변(變)하지 않음.
> 萬古不易(만고불역): 오랜 세월(歲月)을 두고 바뀌지 않음.
> 少年易老學難成(소년이로학난성): 소년(少年)은 늙기 쉬우나 학문(學問)을 이루기는 어렵다.

위에서처럼 '易'는 '바꿀 역', '고칠 역', '점 역', '쉬울 이', '홀하게 여길 이' 등의 다양한 의미와 소리를 가진다.

'色'은 '빛 갈', '얼굴 빛', '미색(美色)' 등의 의미를 가진다. 論語에서 孔子가 '色'에 대해서 두 번의 언급을 볼 수 있다. 하나는 季氏(계씨)편이고,

> 군자유삼계 소지시 혈기미정 계지재색 급기장야 혈기
> 君子有三戒: 少之時, 血氣未定, 戒之在色; 及其壯也, 血氣
> 방강 계지재투 급기노야 혈기기쇠 계지재득
> 方剛, 戒之在鬪; 及其老也, 血氣旣衰, 戒之在得.

> (군자에게는 마땅히 경계해야 할 일이 세 가지 있다. 젊었을 때는 체질과 정신이 안정되지 않았으므로 경계해야 할 것은 色慾(색욕)이며, 장년기에는 혈기가 한창 강하여 쉽게 충동하기 때문에 경계해야 할 일은 싸움이고, 늙어서는 정신이 쇠퇴하여 왕왕 명예와 이익을 탐하게 되므로 경계해야 할 일은 만족을 모르는 욕심이다.)

다른 하나는 자한(子罕)편에서다:

> 吾未見好德如好色者也.
> (나는 덕을 좋아하기를 여색을 좋아하듯이 하는 사람을 아직 보지 못했다.)

'色'이 '안색(顏色)'이든 '여색(女色)'을 말하든 아무런 상관이 없다. 즉 '미인'으로 해석을 해도 되고, '색욕(色慾)'으로 해석해도 전체의 의미는 바뀌지지 않는다고 본다.

문제는 '賢賢'이다. 양백준(楊伯峻)은 '賢賢' 다음에 '事父母', '事君', '與朋友交'라는 내용이 있으므로, 여기서의 '賢'은 '아내'를 말하는 것으로 보았다. '부부'는 인륜의 시작이 아닌가? '易'자를 '가볍게 여기다'로 보고, '아내에 대해서 품성을 중시하고, 美色(미색)을 중시하지마라'로 보고 있다.

'易(역)'을 '바꾸다'로 해석한다면 '아름다운 여인을 대하면 마음이 바뀌지고 좋아하게 되듯이, 어진사람을 아름다운 여인을 보듯이 마음을 바꿔 존중하고 귀하게 여겨라'라고 해석도 될 것이다.

아래는 '도올 논어'에서 볼 수 있는 '賢賢易色'의 다양한 해석과 주장이다.

"賢賢易色"은 그 문자가 너무 압축되어 있기 때문에 역사적으로 매우 다양한 해석이 제출되었다. 특히 "色"이라는 글자의 의미와 관련하여 그것을 "여자" 혹은 섹스와 관련된 추상적 표현으로 보느냐의 可否를 둘러싸고 많은 도덕적 판단이 오갔다. 그러나 어느 전거(典據)도 내가 보기에 확고한 타당성을 제시하지 못한다.

1. "賢賢"을 "현명한 자를 현명한 자로서 대접한다"라고 새기고, "易"을 "바꾼다"로서 새기면, 현인을 현인으로 대접하는 마음을 여자를 좋아하는 마음과 바꿀 수 있다는 뜻이 된다. 즉 "易"은 전후 문맥의 등가를 나타내게 된다. 이것이 2·3세기 漢(한)·魏(위) 사람들의 古注의 해석이다. 다시 말해서 古注는 色에 대한 도덕적 가치판단이 없다. 인간이 정말 좋아하는 것을 나타내는 상징물로서 "色"을 이해하고 있는 것이다. 好色之心으로써 好賢하는 것이 좋다는 것이다(言以好色之心好賢, 則善也.).

2. 그런데 그 다음의 六朝시대의 사람들은 "易色"을 "안색을 바꾼다"라는 의미로 해석하였다. 다시 말해서 현인을 현인으로서 숭상하는 자세가 평소의 안색을 바꾸어 공경하는 장중한 모습으로 실천해야 한다는 것이다(若欲尊重此賢人, 則當改易其平常之色, 更起莊嚴之容也.). "易色"에서 "色"의 의미를 "여자"에서 "나의 얼굴의 분위기"로 바꾸어 해석한 것이다.

3. 그런데 宋儒들은 아예 "賢賢"과 "易色"을 이원화시켜 해석을 내렸다. 賢人을 숭상하고, 여색을 가벼이 여겨라는 식으

로 새롭게 새겼다. "易"에는 "바꾼다"라는 의미 외로 "가볍게 여긴다"(輕易)는 뜻이 있기 때문이다. 이것은 宋儒의 도덕주의적 시대정신을 대변하고 있다. 나는 개인적으로 이 송유의 해석은 구역질나는 오역이라고 생각한다.

4. 최근의 楊伯峻은 이는 宋儒의 문장패턴에 따라 새로운 해석을 내렸다. 다음의 문장이 부모, 임금, 친구에 대한 것임으로, 이것은 자기의 부인에 대한 언급이라는 것이다. 이렇게 되면, 이 구문은 "부인에 대하여 그 현명한 품덕(賢)을 존중하고 외모(色)는 중시하지 말 것이다"라는 뜻이 된다는 것이다. 李澤厚는 부인에 대한 것으로 보지 않고, 그냥 주석적인 메시지로서 해석하여 "덕행을 중시하고 용모를 중시치 말라(重視德行替代重視容貌)"는 뜻이라 하였다.

앞으로 또 어떤 해석이 나올지는 모르겠지만, 나는 子夏의 원래의 문학적 상상력과 관련하여 제1의 古注의 해석이 가장 자연스럽고 아름다운 해석이라고 생각한다.

도올논어(통나무, 1권 224쪽~226쪽)

論語精選 07

曾子曰:「愼終追遠, 民德歸厚矣.」 (學而 第九)
증 자 왈 신 종 추 원 민 덕 귀 후 의

曾子는 말하기를 「부모의 상을 신중히 모시고 선조의 영혼을 정성껏 추모하면 백성의 덕성이 그만큼 두터워진다.」라고 하였다.

漢字

愼(삼갈 신) 終(끝날 종) 追(쫓을 추) 遠(멀 원)
民(백성 민) 德(덕 덕) 歸(돌아올 귀) 厚(두터울 후)

註釋

1) 愼終(신종): 마침을 삼간다는 것은 喪事(상사)의 예를 다한다는 뜻으로, 葬禮(장례)를 신중하고 극진하게 하다.
2) 追遠(추원): 먼 것을 추모함. 곧 제사에 정성을 다하다.
3) 民德(민덕): 백성의 도덕심. 德行(덕행).
4) 歸厚(귀후): 돈후함으로 돌아감. 인정이 두터워짐.

論議

'終(종)'은 '死(사)'와 같은 '죽음'의 의미를 가진다. 儒家(유가)에서는 小人(소인)의 죽음을 '死'라 하고, 君子의 죽음은 '終'이라고 한다. 그렇다면 임금의 죽음은 어떤 글자로 나타낼까? '崩(붕)'이다. '崩'은 '산이 무너지다'의 의미이다. 현대를 살아가는 우리도 '편안하게 고통 없이 눈을 감으셨다', '선산에 잘 모셨다', '서거하다', '영면하다' 등의 죽음과 장사(葬事)에 대해서 예의와 정성을 다하고 있는 것이다.

내가 죽어서 아무런 대접을 받지 못하고, 그 누구에게도 그리움의 대상이 되지 못한다고 생각해봐라, 얼마나 쓸쓸해지고 세상을 대하는 태도가 냉랭해지며, 또 얼마나 삭막해지겠는가? 국가나 사회가 장례(葬禮), 즉 장사를 지내는 예식을 경건하고 정성을 다하는 것은, 바로 살아가는 사람들을 위한 배려이고 보살핌이고 사랑인 것이다. 예의와 격식을 갖춰 장례를 치루고, 경건한 마음으로 추모(追慕)를 한다면, 우리 모두의 마음은 훈훈해지고, 민심이 하나가 되어 부강한 국가를 이룩하고, 건강한 사회를 만들 수가 있다고 본다.

유가(儒家)는 예(禮)를 중시한다. 예(禮)는 형식이다. 형식은 겉치레라고 말을 하지만, 형식이 갖춰지지 않는 예(禮)는 아무런 의미가 없다. 겉치레가 싫다고 학교에 슬리퍼를 끌며 교실에 들어오고, 찢어진 청바지 차림으로 취업면접에 임해서는 안될 것이다. 물론 내용이 없는 형식은 지양을 해야 하겠지만, 나 아닌 상대가 눈살을 찌푸리지 않는 행동, 즉 적당한 형식은 우리가 살아가는데 필요한 예(禮)라고 생각한다.

論語
精選 08

有子曰:「禮之用, 和爲貴. 先王之道, 斯爲美,
유 자 왈 예 지 용 화 위 귀 선 왕 지 도 사 위 미
小大由之. 有所不行, 知和而和, 不以禮節之,
소 대 유 지 유 소 불 행 지 화 이 화 불 이 예 절 지
亦不可行也.」 (學而 第十二)
역 불 가 행 야

有子가 말하시기를「예의 효용으로는 조화를 귀하게 여긴다. 선왕들의 도에 있어서도 이것을 아름다움으로 여겨 크고 작은 일들을 이에 따라 하였었다. 그러나 제대로 행하여지지 않는 경우가 있으니, 조화의 귀중함만을 알고 조화만 시키려고 하고, 禮로써 절제하지 않으면 또한 행해서는 안 되는 것이다.」라고 하였다.

漢字

由(말미암을 유) 所(바 소) 節(마디 절) 以(까닭 이)

註釋

1) 用(용): 효용. 작용.
2) 和(화): 조화.
3) 先王(선왕): 옛날의 훌륭한 임금들.
4) 斯(사): 이것. 예에 있어서 조화를 가리킴. "斯"는 "禮의 조화정신"

을 가리키는 대명사이다.

5) 大小(대소): 작은 일과 큰일. 대소사(大小事).

6) 由之(유지): 이것으로 말미암았다. 이에 따라 하였다. 곧 예의 조화에 따라 모든 일을 행하였다.

7) 有所不行(유소불행): 행하여지지 않는 바가 있다.

論議

중국이 공산화가 되고나서 전통에 대한 모든 것을 부정하는 시기가 있었다. 그러나 최근 중국이 경제적으로 발전하면서 전통문화의 복원에 힘쓰고 있음을 볼 수 있다. 아래의 글은 경제대국과 함께 문화대국을 이루려는 중국인들의 생각을 반영하는 글이라고 생각되어, 2010일 2월 8일자 매일신문에 게재된 글을 옮겨 놓았다.

『중국 정부는 인기리에 상영 중이던 외화 '아바타'를 1월 22일부터 강제 종영시키고 '공자'를 개봉토록 하였다. 후진타오 국가 주석이 관람할 예정이라니 중국 전 인민이 보아야 할 '국가 영화'가 될 듯하다. 지금 부관참시까지 당했던 공자가 화려하게 부활하는 대역전극이 펼쳐지고 있는 것이다.

1세기 전에는 제국주의 열강의 침략에 한없이 무력한 중국을 반성하면서 공자의 유가 사상이 그 원흉으로 지목되었었다. 5·4신문화운동은 공자사상을 반민주적이고 반과학적이라고 비판하였으며, 루쉰은 '사람을 잡아먹는 문화'라고까지 힐

책하였다. 마오쩌둥도 유사한 견해였다. 그는 '4가지 구습 타파운동'과 특히 문혁 시기에 '임표 공자비판운동'을 통하여 백성들의 뇌리에서 유가적 사고방식을 발본색원하려 하였다. 그의 전위대 홍위병들이 공자묘를 파헤치고 전통문화 유산을 무참히 훼손하는 것을 묵과함으로써 유가사상과의 철저한 단절을 이루어 자신의 '중국식 사회주의'를 건설하고자 하였다.

덩샤오핑 이후 '중국 특색 사회주의' 시기의 최고 지도자들은 전통적 요소의 중요성을 인지하였다. 덩샤오핑은 시경에 나오는 '샤오캉'(小康) 용어로 그의 경제건설 목표를 함축적으로 표현하였다. 이 샤오캉 사회의 전면적 건설을 지휘한 장쩌민은 전통문화의 복원에 역점을 두었다. 중화민족의 우수한 전통 문화를 '선진 문화'의 범주에 포함시킴으로써 마르크스주의와 동일선상에 올려놓은 것이다. 그 뒤를 이은 후진타오는 전통사상 중에서 유가 사상을 정수로 삼아 그의 통치이념을 확립하였다. 즉 유가의 인정(仁政), 친민(親民), 화해(和諧), 대동(大同) 사상을 이어받아 인본주의에 입각하여 '조화사회'를 건설한다는 것이다.

이에 2002년부터 '공자 살리기'를 공식적으로 추진하더니 2005년부터는 중앙 정부 차원의 사업으로 진행하고 있다. 유가사상을 교과목으로 지정하고 논어낭송대회 등 학술대회를 열어 청소년 대상 공자교육을 전면적으로 시행하며, 공자 관련 연구기관 신설 및 각종 세미나 개최를 통하여 지식인들에게 공자 연구 열풍을 북돋운다. 또한 전 세계에 공자학원을 설립하여 중국어 교육과 유교문화 보급의 전진기지로 삼고 있다. 2005년부터 현재까지 87개국에 523개소나 만들었다.

이와 같이 체계적으로 공자를 부활시키는 데는 몇 가지 목적이 있다. 첫째는 공자 사상을 차용하여 공산당의 집권 능력을 강화하려는 것이다. 경제성장 일변도 정책이 초래한 부정부패와 빈부격차가 사회분열을 조장하고 있는 현 상황에서, 도덕성을 갖춘 '군자(君子)'상을 고취시켜 부패를 근절해 나가고, '화위귀(和爲貴)'를 제창하여 백성들의 대동단결을 유도하겠다는 것이다.

둘째는 사회주의 이념의 중국 본토화를 완성하려는 것이다. 마오쩌둥과 덩샤오핑은 중국식 또는 중국 특색이라는 포괄적 표현으로 외래 사회주의 이념을 중국화하고자 한 반면, 후진타오는 '유가사회주의'라는 명료한 용어 설정으로 본토화를 구체화하겠다는 것이다. 이에 대한 학술이론적 뒷받침도 이루어지고 있다, 궈머뤄우의 1925년 저서 『마르크스의 공자 방문기』를 '마르크스와 공자가 일심동체임'을 입증한 명저라고 재평가하여 두 사상을 접목하는 지침서로 삼았으며, 왕스빠오 교수 등은 저서와 논문을 통해 '중국 특색 사회주의는 유가사회주의다'라고 공식화하고 있다.

셋째는 캉샤오꽝 교수의 표현대로 '문화민족주의'를 재건하려는 것이다. 전 세계에서 아시아의 가치로 인정받고 있는 유가사상을 그동안 발원지 중국대륙에서 폐기처분함으로써 잃어버렸던 문화주권을 되찾아 경제대국의 차원을 넘어 문화대국으로도 발돋움하겠다는 것이다.

우리는 이러한 공자 대우 변화를 예의 주시하여야 한다. 통치이념의 재확립은 통치 행태 전반에 변화를 수반하기 때문이다. '유가사회주의'를 정확히 파악하여 향후 대중국 정책 방향 설정에 참고하여야 한다. 이와 더불어 유가사상의 한국화도 서둘러 진행해야 한다. 중국의 한 인터넷사이트에 논객이 올린 "한국이 공자를 강제 납치하여 한국 문화유산으로 삼는 것을 저지해야 한다"는 글은 가슴을 섬뜩하게 한다. '유가민주주의'로든 아니면 어떤 형태로든 이 작업이 이루어지지 않으면 문화침탈국이라는 궤변을 듣게 될지도 모른다.』

조수성 계명대 중국학과 교수

論語 精選 09

子曰:「君子食無求飽, 居無求安, 敏於事而愼於言, 就有道而正焉, 可謂好學也已.」

자왈 군자식무구포 거무구안 민어사이신 어언 취유도이정언 가위호학야이

(學而 第十四)

孔子가 말씀하시기를「군자는 음식을 취함에 있어 배부름만을 추구하지 않고, 사는 데 있어서 편안함만을 추구하지 않으며, 일에는 민첩하고 말은 신중히 하며, 올바른 도를 지닌 이에게 나아가 행동을 바로잡는다면, 배우기를 좋아한다고 말할 수 있을 것이다.」라고 하셨다.

漢字

食(밥 식) 飽(물릴 포) 居(살 거) 敏(재빠를 민)
愼(삼갈 신) 就(나아갈 취) 謂(이를 위)

註釋

1) 求飽(구포): 배부름을 추구하다. 배불리 잘 먹기만을 추구하다.
2) 居(거): 살아가다. 지내다.
3) 求安(구안): 안락함을 추구하다. 편안함을 따지다.
4) 敏(민): 민첩하다. 빨리하다.
5) 愼(신): 신중하다. 삼가다.

6) 就(취): 나아가다. 따르다.

7) 有道(유도): 학문을 갖추고 도덕적인 사람.

8) 正(정): 동사로서 "바로잡다"의 뜻이나 여기서는 "가르침을 받다"의 의미로 응용된다.

9) 也已(야이): 문장 끝에 붙는 어조사.

論議

사람이 물질적 욕망에 사로잡히지 않고, 바른 길이 있으면 적극 다가가 고치려고 애쓰는 태도야말로 유가(儒家)에서 사람들에게 요구하는 것이다. 인(仁)과 의(義)를 중하게 여기고, 물질적인 향락한 생활에 빠져들지 말라는 말이다. 진정으로 학문을 좋아하고, 인간답게 사는 사람은 인간의 도리를 배우는 데 중점을 두고, 물질생활의 편안함이나 호의호식을 돌보지 않는다고 설명하고 있다.

'빈이락(貧而樂)' 즉, 가난하면서도 즐거움으로 삼는 것은 공자가 추구한 삶의 지향이었고 평생 동안 일관했던 삶의 자세였다. 그는 자신이 좋아하는 길을 소신 있게 걸어갔으며, 또한 실천하고자 했다. 공자의 문하생 77명 가운데 부유한 자들보다는 가난한 서민 출신이 압도적으로 많았던 것도 그의 삶의 자세를 보여준다.

論語 精選 10

子貢曰:「貧而無諂, 富而無驕, 何如? 子曰:
자 공 왈 빈 이 무 첨 부 이 무 교 하 여 자 왈
可也. 未若貧而樂, 富而好禮者也. 子貢曰: 詩
가 야 미 약 빈 이 락 부 이 호 예 자 야 자 공 왈 시
云如切如磋, 如琢如磨, 其斯之謂與? 子曰: 賜
운 여 절 여 차 여 탁 여 마 기 사 지 위 여 자 왈 사
也, 始可與言詩已矣. 告諸往而知來者.」
야 시 가 여 언 시 이 의 고 저 왕 이 지 래 자

(學而 第十五)

子貢이 여쭈었다「가난해도 아첨하지 않고 부유해도 교만하지 않다면 어떻겠습니까?」孔子께서 말씀하셨다.「괜찮기는 하나, 가난하면서 즐기고 부유하면서도 예를 좋아 하는 것만은 못 하다.」子貢이 아뢰었다.「시(詩)에 이르기를 '자르고 다듬듯이 하며, 쪼고 가는 듯이 한다고' 하였는데, 이 말씀을 두고 한 것이군요.」孔子께서 말씀하셨다. "賜(사)야! 비로소 너와 시를 논할 수 있게 되었구나. 지난 일을 일러 주었더니, 앞으로 올 일을 이해하는구나.」라고 하였다.

漢字

貧(가난할 빈) 富(넉넉할 부) 驕(교만할 교) 切(끊을 절)
磋(갈 차) 琢(쫄 탁) 磨(갈 마) 始(처음 시)
告(알릴 고) 諸(어조사 저) 往(갈 왕)

註釋

1) 諂(첨): 아첨하다. '貧而諂'은 '가난하면 작은 이익을 얻으려고 남에게 비굴하기 쉽다'고 해석할 수 있다.

2) 驕(교): 교만하다. 거만하다.

3) 未若(미약): 같지 못하다. …만은 못하다.

4) 樂(락): 즐기다. 樂道(락도)의 의미로, 즉 "도를 따라 사는 것을 즐기는 것"을 말함이다.

5) 詩(시): 詩經(시경). 이 구절은 시경(詩經)·衛風(위풍)·淇奧(기오)편에 보인다.

6) 切磋琢磨(절차탁마): 뼈를 다듬는 것을 切(갈다; 끊다), 상아는 磋(갈다), 玉은 琢(쪼다), 돌은 磨(갈다)라고 한다.

【朱子注】 骨角(골각)을 다듬는 자는 잘라낸 다음에 다시 다듬고, 玉石을 다듬는 자는 쪼아낸 다음에 다시 가니, 다듬기를 이미 精(정)하게 하였지만, 더욱 그 精함을 구하는 것이다. 子貢 자신은 無諂無驕(무첨무교)한 것으로 지극하다고 여겼으나, 夫子의 말씀을 듣고는 도 義理의 무궁함을 알게 되었다. 그리하여 비록 들어서 얻은 바가 있었다고는 하지만 성급히 自足할 수는 없었으므로 이 詩를 인용해서 밝힌 것이다.

김도련 《朱註今譯 論語》 (현음사)

7) 其斯之謂與(기사지위여): 그것은 이것을 말하는 것입니까? 이것은 이것을 뜻하는 군요. "與"는 의문의 조사.

8) 賜(사): 공자 제자인 子貢(자공)의 이름.

9) 諸(저): "之於"의 준말이다.

10) 往(왕): 지난 일. 과거.

11) 來(래): 앞으로의 일.

爲政篇(위정편)

論語精選 11

子曰:「道之以政, 齊之以刑, 民免而無恥; 道之以德, 齊之以禮, 有恥且格.」 (爲政 第三)
자왈 도지이정 제지이형 민면이무치 도지이덕 제지이례 유치차격

孔子께서 말씀하시기를 「정령(政令, 法)으로써 이끌고 형벌로써 다스리면 백성들은 (형벌을) 면할 수는 있으나 부끄러워할 줄 모른다. 덕으로써 이끌고 다스리면 (사람들은) 부끄러워하게도 되고, 또한 올바름에 이르게 된다.」라고 하였다.

漢字

道(길 도) 齊(가지런할 제) 免(면할 면) 恥(부끄러워할 치)
且(또 차) 格(바로잡을 격)

註釋

1) 道(도): 導(도)와 통하여. 인도하다. 이끌어주다.
2) 政(정): 政令(정령). 法令(법령).
3) 齊(제): 가지런히 하다. 질서를 잡아주다. 즉 질서 있게 다스리다.
4) 免(면): 죄짓고 벌받는 일이나 구차히 면하는 것. *免罪(면죄), 免

刑(면형), 免禍(면화)의 뜻을 표현한다.

5) 無恥(무치): 염치가 없다. 수치를 모른다. 양심에 따른 가책이 없는 것을 가리킨다.

6) 格(격): 鄭玄(정현)은 "格, 來也"라 하여 "善으로 돌아온다."라고 해석했고, 何晏集解(하안집해)에서는 "格, 正也"라고 하여 사악함을 고쳐 올바로 된다고 했다. 朱子集解(주자집해)에서는 "格, 至也"라 해석하고 나아가 "至於至善(지어지선)"라고 하였다.

論議

나도 운전을 하면서 신호등이 있는 큰 사거리나 교통경찰이 지켜보고 있으면 정지선이나 신호를 준수하고 법규를 지키려고 노력한다. 그러나 골목길이나 신호가 없는 건널목에서는 사람이 지나가던 말던 먼저 차 머리를 들이대고 지나간다. 사람이 지나가려는 앞을 가로막고, 심지어는 멀리서 길을 건너려는 사람이 보이면 더욱 속력을 내어 먼저 지나가려고 시도를 한다.

그런데 지난 여름방학 평생처음 유럽여행을 하였는데, 다른 것은 몰라도 딱 한 가지 배울 것은 유럽 선진국 사람들의 교통문화였다. 행단보도든 작은 길목에서든 길을 건너고자 하면, 모든 차들은 여지없이 멈추고 안전하게 지나가도록 배려를 하는 광경을 수 없이 목격하고 멀리서부터 사람이 보이고 지나가려고 하면 아무리 차가 밀리고 충분히 먼저 지나갈 수 있는 상황인데도 멈추고 지나가도록 매려를 하는 것을 보고 감동하였고, 귀국해서는 나도 따라 하려고 노력 중이다.

어려서부터 남을 배려하는 예절을 배우고, 또 그렇게 할 수 있도록 여건을 조성하는 사회분위기와 원칙을 지키는 정책은 모두가 솔선하여 따르고 지키는 것이다. 무조건 범칙금을 올리고 법을 제정하여 억압만으로 통치하려고만 한다면 앞에서는 법을 지키는 척 하지만, 뒤에서는 온갖 불법이 자행되고 부조리가 만연될 것이다.

論語精選 12

子曰:「吾十有五而志于學, 三十而立, 四十而不惑, 五十而知天命, 六十而耳順, 七十而從心所欲, 不踰矩.」 (爲政 第四)

자왈 오십유오이지우학 삼십이립 사십이불혹 오십이지천명 육십이이순 칠십이종심소욕 불유구

孔子께서 말씀하시기를「나는 열다섯 살에 학문과 인간의 도리를 얻는데 뜻을 두었고, 서른 살이 되어서는 학문과 도덕에 상당한 성취를 보아 초연하게 자립할 수 있게 되었다. 사십에 이르러서는 사리 판단을 명확히 할 수 있어 심중에 의혹이 없게 되었고, 오십이 되어서는 우주의 모든 원리에 통달하여 미혹(迷惑)되지 않았고, 육십이 되어서는 非理한 말을 듣는다 해도 귀에 거슬리는 것을 느끼지 못했고, 칠십이 되어서는 마음에 하고 싶은 것을 다하여도 그 생각과 언행이 법도를 넘어서지 않고, 저절로 인간의 도리에 맞게 되더라.」라고 하였다.

漢字

志(뜻 지) 惑(미혹할 혹) 命(목숨 명) 耳(귀 이)
順(따를 순) 從(좇을 종) 欲(하고자할 욕) 踰(넘을 유)
矩(곱자 구)

註釋

1) 有(유): 又(또)와 같다. 예날 사람들은 습관적으로 나이를 말할 때 整數와 零數의 중간에 "有" 자를 사용하였다. 그래서 "十有 五"는 열다섯 살을 의미한다.

2) 志于學(지우학): 배움에 뜻을 두다. "志"는 "뜻을 두다"의 의미를 가지는 동사이고, "于"는 "於"와 같은 의미의 글자로 "~에"로 새기는 전치사이다. 여기서의 "學"은 "학문을 배우다", "人生을 大道를 배우다", "君子의 道理를 배우다" 등의 의미를 가진다.

3) 立(입): "立" 자는 상형문자로 "사람이 땅에서 우뚝 서있는 자세"를 나타내고 있음을 볼 수 있다. 즉 학문 등이 바탕이 되어 정정당당하게 천지간에 나설 수 있음을 말하는 것이다.

4) 不惑(불혹): "생각에 막힘이 없고, 이치에 맞다"의 의미로 즉 "멍청한 짓이나 멍청한 판단을 하지 않는다" 등의 의미이다.

5) 耳順(이순): 귀가 순조롭다. 朱子는 "다른 사람이 하는 소리가 일단 자기의 귀속에 들어오면 마음속으로 융회관통(融會貫通)이 되어서 아무것도 귀에 거슬리는 것을 느끼지 못하게 되는데, 왜냐하면 이는 그의 지혜가 이미 극에 이르렀기 때문에 많은 사색을 할 필요도 없이 마음속으로 이해할 수 있어서"라고 설명하고 있다. 즉 "눈앞에서나 배후에서 아무리 나쁜 말을 들어도 참아낼 수가 있는 원만(圓滿)한 경지에 이르렀음을 말하는 것이다.

6) 從心所欲(종심소욕): 마음이 하고자 하는 대로 따르다. 곧 마음 내키는 대로 행동하다.

7) 不踰矩(불유구): 법도를 넘지 않다. "踰"는 초월하다. "矩(곱자)"는 方形 등을 그을 때 사용한 曲尺인데, 응용하여 法度의 뜻을 나타낸다. 여기서는 인간의 도리를 말한다. 그래서 "不踰矩"는 행동에 있어서 최고의 경지에 닿기 때문에 마음속에 어떤 생각이 있을 때 특별히 주의하지 않아도 인간의 도리에 자연 부합될 수 있었다는 뜻이다.

論議

누구의 말대로 論語의 위정(爲政) 제4편인 본문의 글은 이 세상에서 가장 짧으면서도 가장 훌륭한 자서전이다. 단 몇 글자로 일생의 경험과 인생관을 피력하고 있다. 아래의 글은 "도올 논어(통나무, 61쪽)"에서 퍼온 글이다. 공자의 자서전을 쉽고도 명확하게 설명되어 있어 소개한다.

아마도 우리나라 사람들에게 가장 잘 알려진 『논어』 구절을 뽑으라고 한다면 이 장이 후보로 올라가지 않을 수 없을 것이다. 전 장의 내용을 심층적으로 알지는 못해도 부분적으로, 특히 자기의 나이를 말할 때 마흔 살이라고 하는 것보다는 "불혹의 나이"라고 하든가, 쉰 살이라고 하지 않고 꼭 "지천명의 나이"라고 하는 식의 표현은 한국인의 교양을 나타내는 일종의 트레이드마크처럼 되어버렸다. 특히 신문에 글이나 쓸 줄 아는 사람이면, 그리고 대게 4~50세의 연령층이면 그 출전(出典)을 몰라도 "불혹" "지천명"은 빼놓을 수 없는 일상의 어휘가 되어버린 것이다. - 중략

이것은 공자가 자신의 삶을 회고하면서, 그 삶의 체험의 과정을 몇 단계로 나누어 서술한 것이다. 여기 분명 "칠십(七十)"이라는 구절이 삽입되어 있는 것을 보아도 이 말은 그가 70세 이후 그리고 그의 생애를 73세로 마감하기 이전의 어떤 시기에 발출된 것으로 간주되는 것이다. 그리고 이 말은 대체적으

로 『학이』편의 제1장, "학이시습지(學而時習之), 불역열호(불역열호)?"로 시작되는 세 구문과 같은 궤적 위에서 동일한 심도로 이해되어야 할 것이다.

우선 내가 늙었다고 생각해보자! 70이 넘은 고령의 나이에 (옛날 감각으로는 요즈음 보다도 더 고령의 느낌이었을 것이다) 내 인생을 회고한다고 생각해보자! 우리에게 먼저 떠오르는 것은 아마도 이러한 이야기일 것이다. 아~ 나는 스무 살 때 그 꽃다운 처녀를 만났지, 그리고 스물다섯 살 때 결혼을 했어. 그리고 서른 살 때 그 명문대학으로 유학을 갔지, 그리고 마흔 살 때, 반독재투쟁을 하다가 서대문 형무소에 수감되는 비운의 고비가 있었지….

이러한 얘기들은 우리가 인생을 회고할 때, 너무도 자연스럽게 떠오르는 한 폭의 영상들이다. 그러나 재미있는 사실은 공자의 삶의 회고에는 삶에서 일어난 사건의 나열이 없다는 것이다. 매우 추상적인 삶의 느낌이나 경지를 조촐하게 고백하고 있는 것이다. 나는 바로 이러한 사실에서 공자라는 인격의 위대함을 읽는다. 일국의 수상까지 지냈던 사람이라고 한다면 누구든지, 나는 몇 살 때 수상직에 올랐다는 이야기를 하지 아니하고서는 못 배길 것이다. 공자에게는 그러한 떠벌림이 전혀 없다. 공자라는 역사적 인물이 얼마나 "내면적인 관심"의 인간이었나 하는 것이, 그가 그토록 정치적 열정에 불타있었던 인간임에도 불구하고, 여기 여실하게 입증되는 것이다. 바로 이러한 공자의 내면적 깊이가 오늘날까지도 우리 범인(凡人)이 따라가지 못하는 어떠한 위대한 측면일 것이며, 오늘날까지도 인간의 보편적 심성에 메아리치는 그의 향기일 것이다.

나는 이 장의 언사는 공자 자신의 말로서 초기파편에 속하는 것이라고 생각한다. 많은 주석가들이 여기 15, 30, 40, 50, 60, 70이라는 숫자를 공자의 생애의 사건과 관련지어 해석하려고 많은 노력을 기울였다. 그러나 나는 그것은 무의미한 짓이라고 생각한다. 결국 이 공자의 말들은 공자 자신의 주관적 느낌을 피력한 것일 뿐이며, 이에 대한 궁극적 해석은 읽는 이들의 주관적, 다시 말해서 해석자 자신의 삶의 체험에서 우러나오는 것일 수밖에 없다고 생각한다. -생략

이 공자의 회고담이 우리에게 참으로 놀랍게 여겨지는 사실은, 이천오백 년이 지난 오늘 우리의 나이의 감각으로 보아도 전혀 괴리감을 느끼지 않는 가장 평범한 인간의 생애를 그리고 있다는 것이다. 인간의 깨달음의 최초의 계기는 이미 15세 전후에는 대강 형성되는 것이다. 될성부른 나무는 떡잎부터 알아본다는 속담이 있듯이 한 인간의 일생을 지배하는 어떤 체험의 깊이는, 상상력의 폭이 넓은 15세 전후의 소년시절에 이미 형성되는 것이다. 그리고 다음의 이야기는 더욱 우리 마음에 절실하게 와 닿는다. 거두절미하고, "삼십이립!(三十而立)" 이것은 과연 무엇을 의미하는가? 나이 삼십이 되어 "홀로 설 수 없는 인간"은 정말 별 볼일 없는 인간이다. 입(立)이란 부모나

친지의 도움이 없이 자력으로 "선다"는 것이다. 이 선다는 말에는 인생에 대한 자신감, 나는 이제 내 두 발로, 내가 살아가는 이 땅의 세계를 딛고 설 수 있다는 자신감이 강력히 표출되어 있다. 그것은 바로 자기가 건설하고자 하는 인생에 대한 대강의 청사진이나 방향감각이 완성된다는 것을 의미한다.

"사십이불혹(四十而不惑)"이란 단순히 의혹이 없어진다는 것을 의미하지 않는다. 나이 사십이란 인생의 과정 중에서 가장 왕성하게 활동할 시기이며 따라서 주변상황이나 사람들과의 충돌이 많은 시기인 것이다. 이렇게 상충되는 의견(conflicting opinions)이 있을 때에 현혹됨이 없이 올바른 자기의 주관에 따라 판단하고 행동하는 것을 공자는 "불혹(不惑)"이라 표현한 것이다. 불혹은 곧 주체성의 확립이다. 그리고 공자에게 있어서 "혹(惑)"이란 끊임없이 그를 유혹하는 괴력난신(怪力亂神)의 사도(邪道)였다. 인문(人文)에 대한 확신을 흔들게 만드는 종교적 귀의였고, 허약한 인간의 심성을 파고드는 초월적 힘에 대한 의지였다. 젊을 때 맨 정신으로 살던 명철한 인간이, 장가들고 취직하고 애 낳으면 이제 교회 나가기 시작하고 서낭당에 가서 빌기 시작하는 것이다. "길 잃은 양떼" 운운하지만 과연 길 잃은 자들이 누구인가를 한번 깊게 생각해볼 것이다. 세도적 종교의 울타리 속에서 안주하는 인간들이 길을 찾은 양떼이며, 들판에 홀로 입(立)하여 불혹(不惑)한 인간이 길을 잃은 양떼란 말인가? 한국의 젊은이들이여! 과연 그대들은 "불혹의 나이"를 운운할 자신이 있는가? 공자(孔子)는 들에서 났고 들에서 컸다. 그리고 들에서 불혹(不惑)했던 것이다.

"오십이지천명(五十而知天命)", 사람이 나이 오십이 되면 이제 한 인간으로서 대강 권위의 정점에 오른다. 주변에서 리더로서의 권위를 인정받게 되는 시기가 되는 것이다. 그리고 삶의 모습이 원만한 작품의 틀을 완성해가는 것이다. 이 때가 되면 마흔 때의 주관적 확신성보다는 나의 판단을 넘어서는 어떤 보편적 기준을 항상 앞서 생각해야 하는 것이다. 이러한 보편적 기준을 "하늘의 명령" 곧 천명(天命)이라 부르는 것이다. 불혹(不惑)은 자기주관을 중심으로 이야기 한 것이므로 주관적 측면이 강하다. 그러나 천명(天命)은 모든 사람이 공유하는 보편적 원리를 말한 것이며 객관적 측면이 강하다. 그것은 "나"라는 개체의 철저한 부정 위에서 성립하는 어떤 보편적 가치의 세계에 대한 확신인 것이다. -생략

"육십이이순(六十而耳順)", 이 말은 정말 우리의 일상적 언어감각에 리얼하게 와 닿는 말이다. 주자의 주(注)는 이를 "성입심통(聲入心通), 무소위역(無所違逆), 지지지지(知之之至), 불사이득야(不思而得也)." (소리가 내 귀로 들어오면 마음에 다 통달되기 때문에 거슬리는 바가 없다. 우리가 안다고 하는 것도 지극한 경지에 이르게 되면 생각지 않아도 저절로 얻어지는 것이다)라고 해설하였다. 그런데 많은 주석가들이 이 "이순(耳順)"을 너무 지적인 측면으로 해석하였다. 정현(鄭玄)은 "문기언이지기미지야(聞其言而知其微旨也; 사

람의 말을 들으면 곧 그 미묘한 뜻의 저모를 다 파악해 버린다)"라고 하였고, 황간(皇侃)도 식지(識智)가 광박(廣博)하여 단지 남의 말을 듣기만 해도 그 미지(微旨)를 다 이해하기 때문에 귀에 거슬림이 있을 수 없다는 식으로 해설하였다.

그러나 내가 생각키에 "이순(耳順)"은 우리말로 그냥 "귀가 순해진다"는 말인데, 이것은 모든 것을 통달하여 거슬림이 없다는 그런 달자(達者)의 모습을 그린 것이 아니고, 순수히 인간의 감성과 관련된 "용서"의 함의가 더 강하다는 것을 말해주고 싶은 것이다. 인간에게서 가장 다스리기 어려운 것은 이지적인 냉철함이나 논리적인 일관성이 아니다. 감정적으로 남이 나에게 어떠한 역한 소리를 해도 그것을 역한 소리로 듣지 않을 수 있는 감성의 순화! 이것이야말로 인간에게는 최종적으로 다스리기 어려운 것이다. 나이 60이 되면, 이미 신체적으로도 사양길이요 쇠약의 일로를 걷는다. 그리고 이성의 날카로움보다는 단연 감성의 원만함이 돋보여야 할 시기인 것이다. 이러한 인간 공자의 현실태에 대한 인식이 없이 공자의 생애를 너무 신격화(神格化)시키려는 태도가 그의 지식의 광박함 때문에 모든 것이 다 료해되어 거침이 없다는 식의 주석을 낳았다고 생각된다. "이순(耳順)"은 소박한 공(孔)노인의 고백의 언시인 것이다: "난 말야 예순이 되니깐, 아무리 날 욕하는 소리를 들어도 화가 안나!" 혹은 "아무리 세파의 거슬리는 일들이 내 귓전을 때려도 감정의 동요가 없어!"라는 정도의 이야기가 아닐까? 나이가 예순이 되면 사람은 반드시 귀가 순해져야 한다. 그런데 요즈음의 한국 예순의 노인장들은 귀가 순해져 가기는 커녕 귀가 어두워져 가기만 하는 것이다. 귀가 어두워, 완고해지기만 하고, 자기 고집만 세우고, 사태의 참신한 분석이 없이 맨 똑같은 자기얘기만 뇌까리고 앉아 있는 것이다. 그리고 용서의 넓은 마음이 생기기는커녕 주변사람들에 대한 원망의 골만 깊어져 가는 것이다.

"칠십이종심소욕(七十而從心所欲), 불유구(不踰矩)!" 이 공자의 최후 독백은 무엇을 의미하는가? 그의 삶의 과정이 도달한 최후의 경지, 그것은 진정한 자유가 무엇인지를 우리에게 말해주는 것이다. "종심소욕(從心所欲)"이란 문자그대로 마음이 욕(欲)하는 바를 따른다는 뜻이다. "불유구(不踰矩)"의 "유(踰)"는 "넘는다", "건넌다"는 뜻이다. "수유리(水踰里)"란 물 건너 동네라는 뜻이다. "구(矩)"는 원래 목수들이 쓰는 기역자 모양의 곡척을 말하는 것이다. 콤파스를 뜻하는 규(規)와 함께 "법도", "규칙", "기준", "준칙"의 의미가 된다. 불유구(不踰矩)는 법도에 어긋나지 않는다, 일정한 질서의 기준을 넘어가지 않는다는 뜻이다. 내 마음이 원하는 바를 마음껏 따라 가도 조금도 법도에 어긋남이 없는 경지! 이것이 진정한 인간의 자유가 아니고 무엇이랴!

- 이하 생략 -

論語精選 13

孟懿子問孝 子曰:「無違.」樊遲御, 子告
맹 의 자 문 효　자 왈　　무 위　　번 지 어　자 고

之曰:「孟孫問孝於我, 我對曰無違.」樊遲
지 왈　　맹 손 문 효 어 아　아 대 왈 무 위　　번 지

曰:「何謂也?」子曰:「生, 事之以禮, 死, 葬之
왈　　하 위 야　　자 왈　　생　사 지 이 례　사　장 지

以禮, 祭之以禮.」 (爲政 第五)
이 례　제 지 이 례

孟懿子가 孝에 대해 묻자, 공자가 말씀하셨다.「도리에 어긋나지 말아야 한다.」번지가 공자가 탄 수레를 모는데 공자가 그에게 말했다.「맹손이 나에게 효에 대해 물었다. 그래서 내가 대답하기를, '도리에 어김이 없어야 한다.'고 하였다.」번지가 물었다.「무슨 말씀이십니까?」공자가 말했다.「어버이가 살아 계실 적에 예를 다해 섬기며, 돌아가셔서도 예를 다해 장사 지내며, 제사 지낼 때에도 예를 다해야 한다.」

漢字

孟(맏이 맹)　孫(손자 손)　對(내답힐 대)　違(어긴 위)
樊(울타리 번)　遲(늦을 지)　御(어거할 어)　葬 (장사지낼 장)
祭(제사 제)

註釋

1) 孟懿子(맹의자): 魯(노)나라의 大夫(대부) 仲孫氏(중손씨)로 이름은 何忌(하기)이다.
2) 無違(무위): 이치에 어긋나지 않는 것을 이른다.
3) 樊遲(번지): 공자의 제자로 이름은 須(수)이다.
4) 御(어): 수레를 제어(制御)하다의 의미로, 樊遲가 공자의 '수레를 몰다'의 의미이다.
5) 孟孫(맹손): 즉 孟懿子(맹의자) 仲孫(중손)을 말함이다.

論議

孝가 무엇인지 묻는 맹의자의 질문에 孔子는 밑도 끝도 없이 '無違(무위)'라고 대답하였다. '無違'는 '어기지 마라' 즉 '도리를 지켜라'라는 의미이다. 일반적으로 '孝'에 대해서 물으면 '부모님을 잘 모셔라'라고 하던가, 아니면 '부모님을 기쁘게 해라' 등의 대답일 것이다. 당시의 시대상황과 제도를 알면 孔子의 대답을 이해하게 될 것이다.

天子(천자)가 다스리는 곳이 '天下(천하)'이고, 그 다음이 제후(諸侯)인데, 제후가 통치하는 곳은 '국(國)'이라고 하고, 대부(大夫)가 다스리는 곳을 '가(家)'라고 한다. 그 다음이 사(士)이고, 그 다음은 서인(庶人)이다. 사(士)는 공부를 한 선비이고, 서인은 일반 평민을 말한다. 諸侯는 天子의 호령을 받들고, 大夫는 諸侯를 모셔야 함이 당시의 법도인데, 孔子가 사는 춘추시대에 이르러 諸侯의 힘이 天子를 능가하고, 大夫는 諸侯를 꼭

두각시로 만들어 권력을 제 마음대로 휘두르고 있었다.

魯(노)나라는 당시 계손씨(季孫氏), 맹손씨(孟孫氏), 숙손씨(叔孫氏) 세 집안이 노나라의 국정을 장악하고 있었다. 맹의자는 노나라의 대부였으므로, 孔子는 맹의자 一家가 당시의 법도를 어기는 짓을 행하고 있으므로, 자신의 본분을 망각하지 말고, 신하의 禮를 지키는 것이 '孝'라는 의미로 '無違'라고 한 것이다.

이에 제자 지(樊遲)가 말귀를 못 알아듣자, 공자는 다시 "부모가 살아계실 때 禮로써 섬기고, 돌아가신 후에는 禮로써 장사를 지내고, 禮로써 제사를 지낸 것이다"라고 설명해 주었다.

예를 들어 자신의 능력과 수입에 맞추어 부모님을 섬기고 호의호식은 못해드려도 말 한마디 따듯하게 건네고, 안부를 물으면 그것이 최고의 효인 것이다. 말단 공무원이 부모에게 孝를 한다고 집을 사고 자가용을 사드리는 등의 분수에 넘치는 짓을 했다면, 부모는 마냥 기뻐만할 것인가? 그 돈이 어디서 났겠는가? 비리를 묵인하고 청탁의 뇌물이 아니겠는가? 이 모두가 자신의 본분을 잃은 처사이고, 부모가 노심초사해 하는 불효인 것이다. 이것은 다 禮를 잃은 처사이고, 불효인 것이다.

주자주(朱子注)에는 다음과 같은 설명을 볼 수 있다: 「사람이 부모에게 효도하고자 함은 마음은 비록 끝이 없으나 분수는 한계가 있으니, 분수에 할 수 있는데도 하지 않는 것과, 분수에 할 수 없는데도 하는 것은 똑같이 불효이다. 이른바 禮로써 한다는 것은 자기 분수에 할 수 있는 것을 할 뿐인 것이다.」

論語精選 14

子游問孝 子曰: 「今之孝者, 是謂能養. 至於犬馬, 皆能有養; 不敬, 何以別乎?」 (爲政 第七)

자유문효 자왈 금지효자 시위능양 지어 견마 개능유양 불경 하이별호

子游가 孝에 대해서 물었다. 孔子께서 말씀하시기를 「요즈음의 효는 잘 공양하는 것을 말하는데, 개와 말도 길러지고 있지 않는가? 어버이를 존경하는 마음이 없다면 개나 말을 기르는 것과 무엇이 다르겠는가?」라고 하였다.

漢字

游(헤엄칠 유)	能(능할 능)	養(기를 양)	至(이르다 지)
犬(개 견)	馬(말 마)	敬(공경할 경)	別(나눌 별)

註釋

1) 子游(자유): 공자의 제자로 성은 '言(언)'이고 이름은 '偃(언)'이다. 吳(오)나라 사람이라고 한다.
2) 養(양): 봉양하다. 양육하다.
3) 是(시): '是' 자는 '옳다, 바르다' 또는 대명사 '이것'의 의미를 가지는 글자이지만, 여기서는 '단지'의 의미를 가지는 '祇(只)'로 보는 견해가 있다.
4) 至於(지어): (= 至于) (1) …에 이르러, 도달하다. (2) 심지어 (3) …으로 말하면. …에 관해서는. ※ '설사 ~라 해도'라고 해석하는

경우도 있다.

5) 有養(유양): 양육되다. 양육을 받다.

6) 何以~乎(하이…호): 반어형으로, '어찌 …겠는가'의 의미이다.

論議

至於犬馬, 皆能有養 : 何晏(하안) 《論語集解(논어집해)》에서 두 가지의 해석을 하고 있다. 첫째는 犬馬(견마)가 사람을 기른다는 것이다. 즉 集解에서 後漢(후한)의 經學家(경학가)가 包咸(포함)이 한 말 「犬以守禦, 馬以代勞, 能養人者也」 을 인용하여, 犬은 능히 사람 대신 집을 지키고 馬는 사람 대신 일을 할 수 있으니 사람을 기른다는 것이라고 할 수 있지만 犬馬는 공경할 줄을 모른다는 것이다. 둘째는 사람이 犬馬를 기른다는 것이다. 集解에서 말한 「人之所養, 乃能至於犬馬」라는 것. 朱子는 뒤의 해석을 택하여 「犬馬待人而食, 亦若養然, 言人畜犬馬, 皆能有以養之」라 하였다. 즉 사람이 공경하는 마음 없이 부모를 봉양만 한다면 이는 犬馬에게 음식을 주어 기르는 것과 같다는 것이다. 茶山(다산)은 包咸의 말을 따라서 "養而不敬, 無以自別於犬馬"라고 했다. 설은 각기 다르지만 자식이 부모를 봉양하는데 공경하는 마음이 없이 부모를 섬기는 것은 孝道라고 할 수 없다는 데에는 의견을 같이 한다.

朱註今譯 論語 (김도련 역주, 玄音社)

論語精選 15

子夏問孝 子曰:「色難. 有事, 弟子服其勞; 有
자하문효 자왈 색난 유사 제자복기노 유
酒食, 先生饌, 曾是以爲孝乎?」 (爲政 第八)
주사 선생찬 증시이위효호

子夏가 孔子에게 효도에 대해 묻자, 공자께서 말씀하시기를 「자식이 부모를 섬길 때 온화하고 즐거운 낯빛을 하기가 어렵다. 일이 있으면 아랫사람이 그 일을 대신하고, 술과 음식을 父兄에게 먼저 잡수도록 하는 그것이 효라고 하겠는가?」라고 하였다.

漢字

色(얼굴빛 색)	難(어려울 난)	弟(어린사람 제)	勞(일할 노)
酒(술 주)	食(먹거리 사)	饌(반찬 찬)	曾(이에 증)
是(이것 시)	爲(될 위)	服(떠맡아 일할 복)	

註釋

1) 子夏(자하): 중국(中國) 춘추시대(春秋時代) 공문십철(孔門十 哲)의 한 사람. 본명은 복상(卜商), 자하(子夏)는 자(字)다.

2) 色難(색난): '色'(빛 색; 얼굴 빛)은 '안색(顔色), 얼굴 색'을 말함이다. ① '色難'은 '자식이 부모님 면전에서 시종 즐거운 모습을 보여드리는 이러한 것이 어렵다'라는 의미이다. ② 자식이 부모의 안색을 살피는 것이 어렵다.

3) 服其勞(복기로): '服'은 '의복, 복종하다, (약을)먹다'의 뜻을 가지고, 또한 예를 들어 '복역하다'와 같이 '…하다, 맡다' 등의 의미를 가지므로, '일(勞)을 하다' 즉 '일을 대신하다'의 의미를 가진다.

4) 酒食(주사): 고문(古文)에서는 '주사'라고 읽는다. '食' 자는 '밥 식; 먹이 사; 성씨 이' 등의 다음자(多音字)이다. '酒食'은 '술과 먹을 거리'를 말한다.

5) 先生(선생): 연장자, 어른을 말함이다.

6) 饌(찬): '밥 찬, 음식 찬'의 글자인데, 여기서는 동사로 '음식을 먹고 마시다'의 의미로 쓰였다. '先生饌'은 '어른들에게 먼저 드시도록 하다'로 새긴다.

7) 曾(증): '예전 증; 이에 증'의 의미를 가지는 글자인데, 여기서는 '마침내, 결국, 또한' 등의 의미를 나타내는 副詞로 쓰였다.

論議

論語에서 爲政篇(위정편) 제5장에서 제8장까지가 '孝'에 대한 논의이다. 孔子는 제5장에서 孝의 가장 기본은 '無違(무위)'임을 주장하였고, 제7장에서는 '敬(경)'이 孝의 세 번째 단계이고, 본문의 제8장에서는 '孝'의 최고의 으뜸은 '色難(색난)'이라고 말하고 있다.

제6장은 "孟武伯問孝. 子曰: 父母唯其疾之憂."이 그 본문이다. 즉 "孟武伯이 효를 물으니, 공자는 말씀하시기를 「부모는 오직자식이 병날까 근심한다.」라고 하셨다."가 그 내용이다. 이로써 孝의 두 번째는 '憂'인 것이다.

論語에서 주장하는 孝의 기본은 '無違(무위)'이고, 그 다음은 '無憂(무우)', 세 번째는 '恭敬(공경)' 마지막은 '樂(락)'이라고 본다. 즉 본분을 저버리지 않고, 기본적인 禮를 지키는 것이 첫 번째 이고, 부모님에게 걱정을 드리지 않는 것이 두 번째이며, 마음으로부터의 공경이 세 번째가 되고, 안색을 살피고 언제나 환한 웃음으로 즐겁게 해드리는 것이 마지막인 네 번째가 되는 것이다.

'色難'은 사전에서도 두 가지로 해석되고 있다. '자신이 늘 부드러운 얼굴빛으로 부모를 섬기기 어렵다'가 하나고, '부모의 얼굴빛을 보고 그 뜻에 맞게 봉양하기가 어렵다'가 그것이다. 늘 웃고 자애로운 얼굴로 부모님을 봉양하기는 정말 어려운 일이다. 예의에 맞게 봉양할 수는 있다, 근심을 드리지 않을 수도 있을 것이다. 그리고 공경하는 마음으로 진심을 다하여 모실 수도 있을 것이다. 그러나 부모님의 안색을 살피고, 아니면 언제나 밝은 웃음으로 부모를 대한다는 것은 실로 어려운 일인 것이다.

論語精選 16

子曰:「溫故而知新, 可以爲師矣.」 (爲政 第十一)
자 왈 온 고 이 지 신 가 이 위 사 의

공자께서 말씀하시기를 「옛것을 익히어 새로운 것을 알게 되면 남의 스승이 될 수 있다.」라고 하였다.

註釋

1) 溫故(온고): "溫"은 잘 익히는 것. "故"는 "古"와 통하여 옛일 또는 옛사람들의 학문.
2) 知新(지신): 새로운 것을 알다. 새로운 뜻이나 이치를 터득하다.

論議

요즘 보통 溫故知新(온고지신)이라고 하면 연암 박지원이 말한 법고창신(法古創新)이라는 말과 비슷하게 이해하여, 전통문화를 계승하는 바탕 위에서 새로운 문화를 창조하자는 문맥에 주로 활용되고 있는데, 논어에서 말한 의미와는 다소 차이가 있다. 예전에도 물론 '옛날 배운 것은 그것대로 잊지 않고 또 새로운 지식을 알아간다.'는 내용으로 이해하려 한 분들도 있었지만, 대개 문집에 쓰인 사례를 보면, 공부를 계속해서 깊은 자득의 경지로 나아간다고 할 때 이 말을 주로 쓴다.

論語精選 17

子曰:「君子不器.」 (爲政 第十二)
자 왈 군 저 불 기

공자께서 말씀하시기를「군자는 그릇과 같은 것이 아니다.」라고 하였다.

註釋

1) 不器(불기): 그릇이 아니다. 그릇은 모두 제각기 한 가지 용도에만 쓰이나, 군자는 才德을 완전히 갖추고 다방면에 조예가 깊어 다방면에 두루 통용된다는 의미이다.

論議

朱子는 '器(기)'에 대해서 다음과 같은 설명을 하고 있다:「그릇이란 각기 한 용도에만 쓰이고 서로의 융통성이 없다. 德(덕)을 이룬 선비는 體가 갖추어지지 않음이 없으므로 두루 쓰이지 않는데가 없고, 한 才藝(재예)만이 있는 것은 아니다.」

공자는 논어에서 학문과 인덕을 두루 갖춘 인격자를 군자(君子)라고 하였다. 그리고 군자불기(君子不器)란 말로, 절대 한 가지 용도로만 쓰이는 그릇과 같은 사람이 되지 말라고 하면서 다양성을 강조했다. 그리고 더나가 그릇과 같은 정해진 것만을 담아내는 속 좁은 小人의 흉금(胸襟)이 아닌, 인자한 사람(仁), 의로운 사람(義), 예의를 갖춘 사람(禮), 지혜로운 사람(智), 남을 잘 믿는 사람(信)을, 무한한 아량으로 천하를 품을 수 있는 그러한 그릇의 군자를 원하고 있고 비유하고 있는 것이다.

論語精選 18

子曰: 「學而不思則罔, 思而不學則殆.」
자 왈 학 이 불 사 즉 망 사 이 불 학 즉 태

(爲政 第十五)

孔子께서 말씀하시기를 「배우기만 하고 생각하지 않으면 얻는 것이 없고, 생각만 하고 배우지 않으면 위태롭다.」라고 하였다.

漢字

學(배울 학) 不(아니할 불) 思(생각할 사) 罔(그물 망) 殆(위태할 태)

論議

논어의 첫 장에서 배움의 중요성을 말하였고, 실천의 희열을 설명하였다. 배움이란 실천을 전제로 하는 것이고, 실천은 바른 생각에서 시작되는 것이다. 그래서 공자는 말하기를 "배우기만 하고 생각하지 않으면 얻는 것이 없다(學而不思則罔)"이라고 하였다. '생각'은 주체적이고 비판적인 성찰을 의미한다. 여기서 망(罔)은, '惘(망)'의 의미이다. '惘'은 '멍하다', '멍한 상태'를 나타내는 글자로, 결국은 '얻는 것이 없다'라고 새길 수 있을 것이다. 불러주는 대로 외우고 쓰기만 하고, 생각하여 판단력을 기르지 않으면 아무 쓸모없는 쓰레기가 되고 만다.

반대로 기본적인 배움과 지식도 없이 어떤 일을 해결하는데 있어 하루 종일 생각만한다고 하여 뾰쪽한 생각을 찾아내지는 못하는 법이다. 앞사람의 지혜를 또는 경험을 본보기로 하지 않으면 생각이 좁아져서 위험에 빠지게 된다. 앞사람의 학식과 지혜를 빌리고, 자신의 생각이 더해져야만 비로소 좋은 결과를 얻을 수 있을 것이다.

論語精選 19

子曰:「由, 誨女知之乎! 知之爲知之, 不知爲不知, 是知也.」
자왈 유 회여지지호 지지위지지 부지위부지 시지야

(爲政 第十七)

孔子께서 말씀하시기를 「由야! 너에게 '안다'는 것이 무엇인지 가르쳐 주겠노라. 아는 것을 '안다'고 하고, 모르는 것을 '모른다'고 하는 것이 바로 아는 것이다.」라고 하였다.

漢字

由(말미암을 유) 誨(가르칠 회) 知(알 지) 乎(어조사 호)

註釋

1) 由(유): 공자의 제자로 성은 仲(중)이고, 자는 子路(자로)이다.
2) 女(여): 여기서는 '汝(너 여)'의 2인칭 대명사다.
3) 是知也(시지야): 여기서의 '知'를 '智'로 보는 견해도 있다. 즉 '모르면서 아는 척하지 않는 사람이 지혜롭고 총명하다'로 해석되기도 한다.

論議

'소박한 자신감'이 없으면 배움을 멈추게 된다

미국 펜실베니아에 사는 한 고등학생이 12명의 존경받는 최고경영자(CEO)들에게 편지를 보낸 적이 있었다. 훌륭한 경영자가 되려면 어떻게 해야 하는지 조언을 구하는 내용이었다. 한국에서라면 비서실에서 걸러져서 휴지통에 들어갔겠지만, 미국은 달랐다. 몇 명의 위대한 CEO가 이 고등학생에게 회신을 했다. 그 중에 한 명이 A.G. 래플리 P&G CEO였다.

래플리의 조언을 밝히기에 앞서 그가 누구인지 잠깐 설명하겠다. 래플리는 P&G가 심각한 경영난에 빠진 2000년 CEO에 취임해 P&G의 전성기를 이끌었다. 2009년 박수를 받으며 CEO에서 물러났으나 최근 P&G의 실적이 악화되자 CEO로 복귀했다. 악질로 이름이 높았던 고(故) 스티브 잡스와 달리 훌륭한 인품으로도 직원들의 존경을 받았다.

이런 그가 편지를 보낸 고교생에게 했던 조언은 이랬다. "소박한 자신감(humble confidence)의 마인드를 가지세요. 당신의 능력을 믿되, 절대로 배움을 멈추지 않겠다는 자기 인식을 함께 가져야 한다는 뜻입니다. 그래야만 효과적인 리더가 될 수 있어요." 자신의 능력에 대한 '자신감'과 끊임없이 배우려는 '소박함'을 함께 가져야 한다는 뜻이다.

이 같은 일화를 읽고부터 한동안 필자의 머리 속에는 '소박한 자신감'이라는 단어가 떠나질 않았다. 래플리의 설명을 넘어서는 무엇인가 중요한 의미가 담겨 있을 것이라는 확신 때문이었다.

최근에야 필자는 논어의 한 구절을 다시 접하고는 '소박한 자신감'의 뜻에 좀 더 다가갈 수 있었다. 필자가 중학교 시절 한문 교과서에 소개될 정도로 유명한 이 구절은 다음과 같다. '知之爲知之(지지위지지) 不知爲不知(부지위부지) 是知也(시지야)' 한글로 옮기자면 '아는 것을 안다고 하고, 모르는 것을 모른다고 하는 것, 이것이야말로 진짜 아는 것이다'라는 뜻이다.

이 구절의 핵심은 '不知爲不知'에 있다는 것이 필자의 생각이다. 아는 것을 안다고 말하는 것은 상대적으로 쉽다. 모르는 것을 모른다고 하는 것이 가장 어렵다. 그 이유는 자신이 무엇인가를 모르고 있다는 사실을 깨닫기가 매우 어렵기 때문이다. 즉, 자신의 '무지(無知)'를 깨닫지 못하기 때문에 '모르는 것을 모른다'고 할 수 없는 것이다. 자신의 무지를 인식하기만 한다면 '不知爲不知'는 그렇게 어렵지 않다. 무지를 솔직히 인정하는 용기만으로 충분하기 때문이다.

과도한 자신감에 빠진 이들은 '不知爲不知'를 할 수가 없다. 폴 J.H. 슈메이커 미국 워튼스쿨 교수에 따르면 과도한 자신감을 "우리가 무엇을 모르는지 모르는 상태"라고 정의했다. 모르는 것을 안다고 착각하는 사람이 어떻게 '모르는 것을 모른다'고 말할 수 있을까. 불가능한 일이다.

문제는 과도한 자신감에 빠진 이들은 배움을 멈추게 된다는 것. 스스로 안다는 착각에 빠져 있기 때문에 당연히 배울 생각은 할 수조차 없다. 래플리가 배움을 멈추지 않는 '소박한 자신감'을 강조한 것도 이 같은 맥락에서 일 것이다.

필자는 기자 생활을 하면서 과도한 자신감에 빠져 있는 이들을 여럿 보았다. 뜻밖에도 꽤 많은 CEO들이 이런 상태였다. 자신이 회사의 재무, 전략, 인사, 공급망 관리 등 모든 분야에서 최고의 전문가라는 CEO, 직원들은 불만에 가득 차 있는데 직원들의 처지를 잘 이해하고 있다고 착각하는 CEO 등등. 이런 사람들에게는 미국 역사상 가장 위대한 CEO 중 한 명으로 꼽히는 잭 웰치가 했던 말을 꼭 들려주고 싶다. 웰치는 미국 미시간 대학교 경영대학원에서 강연하면서 "회사 사정을 가장 모르는 사람이 바로 CEO다. 나 역시 GE의 CEO로 재직할 때 그랬다"고 회고했다.

과도한 자신감에 빠진 리더는 사회적으로도 큰 해악이다. 노벨경제학상 수상자인 다니엘 카네만(Daniel Kahneman) 박사는 2008년 글로벌 금융위기의 원인으로 투자자들과 경영진의 과도한 자신감을 꼽는다.

알지도 못하면서 안다고 착각한 채 위험한 투자를 단행했기 때문에 거품을 키웠고, 결국 금융위기가 왔다는 것이다.

래플리가 밝힌 '소박한 자신감'은 모든 리더가 갖추어야 할 덕목이다. 공자가 2500여 년 전에 '不知爲不知'를 군자의 덕목으로 꼽은 것과 같은 이유에서다.

(MK뉴스 2013년 8년 1일) 김인수 기자

論語精選 20

子曰:「人而無信, 不知其可也. 大車無輗, 小
자왈 인이무신 부지기가야 대거무예 소
車無軏, 其何以行之哉!」 (爲政 第二十二)
거무월 기하이행지재

孔子께서 말씀하시기를「사람이 믿음이 없으면 그 좋은 점을 알지 못한다. 큰 수레에 輗(예)가 없으면 작은 수레에 軏(월)이 없으면 그것이 어떻게 앞으로 갈 수 있겠느냐.」라고 하였다.

漢字

車(수레 거) 輗(끌채 끝 쐐기 예) 軏(끌채 끝 월) 可(옳을 가)

註釋

輗軏(예월): 수레 앞에 댄 곧은 나무를 '轅(끌채 원)'이라 하고, 轅 앞에 연결해 가로지른 횡목(横木)을 '衡(형)'이라 한다. 衡의 양단에 연결되어 아래로 굽은 것을 '軛(멍에 액)'이라고 하는데 소나 말의 목에 얹어 사용한다. 轅과 衡이 연결된 곳에는 둥근 두 개의 구멍이 뚫린 고리가 있는데 이고리를 大車(대거)에서는 輗(예), 小車(소거)는 軏(월)이라고 하며, 이는 수레가 움직이는데 중요한 역할을 한다. 만일에 이것이 없으면 수레가 움직일 수 없게 된다. 사람의 언행에 있어서도 믿음이 없이 다른 사람과 서로 일을 같이 하게 되면 반드시 도처에서 지장을 초래할 것이다. 그래서 공자는 당시의 大車 小車의 중요한 부분을 비유하여 "믿음"이야말로 立身行事(입신행사)에 있어 중요한 것임을 밝히고 있는 것이다.

朱註今譯 論語(김도련 역주, 玄音社)

論議

車 '급발진' 사고와 불타버린 휴대폰 15만개

산요전기의 창업자인 이우에 도시오가 산요전기의 모체인 산요덴키제작소를 세운 것은 1947년이었다. 당시 갓전등과 같은 기본적인 전기 제품을 만들던 산요는 창업 1년째 자금 회전이 원활하지 않아 도산 위기까지 맞았다. 어렵사리 자금을 조달해 도산 위기를 넘긴 이우에는 야심차게 갓전등 신제품을 준비해 신문에 전면 광고까지 냈다.

그런데 신제품 출시 직전 제품을 검사하다가 전등 하나의 지지대가 부러진 것을 발견했다. 이상하게 생각한 이우에가 제품을 모조리 검사해본 결과, 출시를 앞둔 신제품 가운데 절반 이상의 지지대에 심각한 하자가 있는 것으로 드러났다. 이미 생산된 제품은 무려 1만개로 약 2개월치 생산분이었다.

가까스로 도산 위기를 갓 넘긴 터에 신제품에서 치명적인 하자가 발견되자 이우에는 깊은 고민에 빠졌다. 이미 신제품을 출시한다고 대대적인 광고까지 한 상태인데, 출시를 미루면 체면이 말이 아닐 터였다. 또 자금 회전이 여전히 불안한데

2개월치 생산분을 다시 만들면 현금 사정이 더 어려워질 수밖에 없었다. 하지만 문제가 있는 제품을 시장에 내놓으면 '신뢰'를 잃어버릴 수 있었다. 진퇴양난의 '딜레마'였다.

결국 이우에는 출시 직전의 갓전등 1만개를 전량 폐기하고 다시 제조하라고 지시했다. 이 때문에 다시 도산 위기에 처해 회사가 문을 닫더라도 노력하면 다시 재기할 수 있지만, 신뢰를 잃어버리면 영원히 성공할 수 없다는 게 이우에의 판단이었다.

이우에의 결단으로 산요는 끝내 시장의 신뢰를 지켰고, 1950년 산요전기로 이름을 바꾼 뒤 이후 '일본 백색가전 신화'의 핵심인 냉장고, 세탁기, TV를 만들기 시작했다. 산요의 이 3가지 백색가전은 이후 일본 경제를 이끈 '삼종의 신기(三種神器)'로 불리기도 했다. 2008년 파나소닉에 인수되기 전까지 산요전기는 일본 전기 전자산업의 대표 주자였다.

논어 '안연편'에 따르면 공자의 제자로 훗날 노나라 재상이 된 자공이 어느 날 공자에게 물었다. "정치란 무엇입니까?" 공자가 답했다. "백성의 양식이 넉넉하고 국방력이 튼튼하면서 백성이 믿을 수 있도록 하는 것이다". 자공이 다시 물었다. "만약 어쩔 수 없이 세 가지 중 하나를 버린다면 무엇을 버려야 할까요?" "군대다", "나머지 두 가지 중 또 하나를 버려야 한다면?" 공자는 망설임 없이 "양식"이라고 답했다.

공자는 마지막까지 버리지 말아야 할 것으로 '신뢰'를 꼽았다. '백성의 신뢰가 없으면 바로 서지 못한다'라는 뜻의 '민무신불립(民無信不立)'이라는 유명한 구절은 바로 여기서 나왔다.

기업 경영도 마찬가지다. 제품에서 불량이 발견됐을 때 설령 손해를 보더라도 과감하게 폐기하고 신뢰를 지키는 것이 장기적으로 옳은 선택이다. 삼성전자 정보통신 총괄사장을 지낸 이기태 연세대 교수가 1995년 삼성전자 임원 시절 일부 휴대폰 등에서 불량이 의심되자 구미공장에서 500억 원 상당의 휴대폰 15만대를 불태워 버린 사례가 대표적이다.

최근 한 자동차 모델의 LPG(액화석유가스) 차종에서 '급발진'으로 의심되는 사고가 잇따라 발생하고 있다. 지난 11일 사고에서는 3명이 다치고 심지어 1명이 숨지기까지 했다. 해당 차종의 제조사는 사고 때마다 일부 부품을 교체해 주면서도 여전히 "급발진은 없다"는 입장이다. "신뢰가 없으면 바로 서지 못한다"는 공자의 말이 뇌리를 맴돈다.

머니투데이 이상배 기자 (2014년 4월 14일)

八佾篇(팔일편)

論語精選 21

孔子謂季氏:「八佾舞於庭, 是可忍也, 孰不可
공 자 위 계 씨 　 팔 일 무 어 정 　 시 가 인 야 　 숙 불 가
忍也?」 (八佾 第一)
인 야

孔子가 季氏를 평하시기를 「八佾舞(팔일무)를 뜰에서 춤추게 하니, 이런 일을 감히 한다면 어느 짓인들 못하리오.」라고 하였다.

漢字

謂(비평할 위) 佾(춤 일) 舞(춤출 무) 庭(뜰 정)
忍(용서할 인) 孰(누구 숙)

註釋

1) 季氏(계씨): 魯(노)나라 大夫인 系孫(계손)이다.
2) 八佾(팔일): 일(佾)은 열(列)을 뜻하며, 춤을 출 때 8명의 춤꾼이 늘어선 한 줄을 말한다. 따라서 팔일은 8명이 한 줄을 이룬 8줄의 춤이다. 즉 64명이 춤을 추는 춤이다. '팔일(八佾)'은 천자(天子) 앞에서, 육일(六佾, 48명)은 제후(諸侯) 앞에서, 사일(四佾, 32명)은 대부(大夫) 앞에서, 이일(二佾, 16명)은 사(士) 앞에서 추는 무

악(舞樂)이다. 季氏(계씨)는 大夫로서 마땅히 四佾(사일)을 행해야 함에도 천자의 八佾(팔일)을 행하였다. 이는 자신의 신분을 고려하지 않는 법도에 어긋나는 행위다.

3) 是可忍(시가인): '忍'은 '용인하다', '용서하다'의 의미로, 당시의 魯(노) 나라의 君臣(군신)은 막강한 '季氏'의 권력 때문에 이러한 월권의 행위를 법으로 제지하지 못하고 용인하였다.

論議

춘추시대(春秋時代) 초기에 이르자 제후(諸侯)들은 천자의 호령을 듣지 않고 자기끼리 싸움질 하고 서로 공격을 하였다. 이에 제환공(齊桓公), 진문공(晉文公), 송양공(宋襄公), 초장공(楚莊公), 진목공(秦穆公) 등의 춘추오패(春秋五霸)라는 말이 생겼다. 춘추 중기에 이르자 대부(大夫)들이 제후의 말을 거역하기 시작하였고, 결국은 제후들을 꼭두각시로 만들어 버렸다. 노(魯)나라에 계손씨(季孫氏), 맹손씨(孟孫氏), 숙손씨(叔孫氏) 세 명의 대부가 노(魯)나라의 조정을 장악하였다. 공자가 살던 시대에는 계손씨가 노(魯)나라 조정을 좌지우지하여 임금은 임금이 아니고, 신하는 신하가 아니었다.

계손씨가 자기 집 뜰(庭; 마당 정)에서 팔일무(八佾舞)를 추게 하자 공자는 禮(예)가 아니라고 한탄을 하고 있는 광경이다. 공자는 상하질서를 엄격하게 요구하였고, 곧 그것이 천하를 태평하게 한다는 믿음이 있었다. 儒家의 선비들은 계손씨의 이러한 행동에 대해 「군자는 해서는 안 되는 것은 잠시라도 하지 않는다. 이는 차마 못하기 때문이다. 季氏는 그것을 차마 하였으니, 비록 아비와 임금을 죽이는 일이라도 무엇을 꺼려서 못하겠는가!」라고 비난하고 있음을 볼 수 있다(朱子注).

論語 精選 **22**

定公問:「君使臣, 臣事君, 如之何?」孔子對
정 공 문　　군 사 신　신 사 군　여 지 하　　공 자 대

曰:「君使臣以禮, 臣事君以忠.」 (八佾 第十九)
왈　　군 사 신 이 례　신 사 군 이 충

定公이 묻기를「임금이 신하를 부리고, 신하가 임금을 섬기는데 어떻게 해야 합니까?」라고 하자 공자가 대답하시기를「임금은 예로써 신하를 부려야 하며, 신하는 충성으로써 임금을 섬겨야 합니다.」라고 하셨다.

漢字

使(부릴 사)　君(임금 군)　臣(신하 신)　事(섬길 사)
對(대답할 대)　禮(예의 예)　忠(충성 충)

註釋

1) 定公(정공): 魯(노)나라의 임금으로 이름은 '宋(송)'이다.
2) 如之何(여지하): '如何' 즉 상대에게 의견을 묻는 '어떻습니까?'의 뜻이다. 글자 사이에 '之' 자는 어감을 조절하는 의미를 가지는 '虛辭(허사)'이다.

里仁篇(이인편)

論語精選 23

子曰:「不仁者, 不可以久處約, 不可以長處
자 왈　　불 인 자　불 가 이 구 처 약　불 가 이 장 처
樂, 仁者安仁, 知者利仁.」 (里仁 第二)
락　인 자 안 인　지 자 리 인

孔子께서 말씀하시기를「仁하지 못한 사람은 곤궁에 오래 처하지 못하고, 즐거움에도 오래 처하지 못한다. 仁한 사람은 의식함이 없이 仁한 그대로 살아가고, 지혜로운 사람은 仁을 찾고자 하고 행하려고 한다.」라고 하였다.

漢字

久(오래 구)　約(검소할 약)　長(길다 장)　處(살 처)
樂(즐거울 락)　安(편안항 안)　者(놈 자)　利 (날카로울 이)

註釋

1) 處約(처약): 어려운 생활을 하다. 朱熹(주희)는 '約' 자를 '窮困(딱하고 곤란함)'으로 보았다.
2) 長(장): '길 장' 자인데, 여기서는 '긴긴 시간', '오래 동안' 등의 의미를 나타낸다. 앞의 '久' 자의 쓰임도 같다.

3) 處樂(처락): 편안하고 즐거운 생활을 하다. 安樂(안락)하다.

4) 安仁(안인): 대체적으로 '安仁'에 대한 해석이 분분하다. '어진 사람은 仁에 머문다', '어진 사람은 어질음에 편안하다', 또 사전에는 '어진 사람은 천명을 알아 인(仁)에 만족하고 마음이 흔들리지 아니함'이라는 설명을 볼 수 있다. '安仁'은 '安' 자 그대로 '편안하다'의 의미이다. '어진 사람은 그 동안 어진 마음으로 어질게 살아왔으므로 세태에 흔들림 없이 편안하게 仁을 즐기고 실천한다.' 등의 의미를 가지는 압축된 글이다.

5) 利仁(이인): '利' '날카롭다', '이롭다' 등의 의미를 가지지만, '利'를 '求(구할 구)' 또는 '貪(탐할 탐)'으로 해석하는 경우도 볼 수 있다. 모두 '찾다', '욕심내다' 등의 의미를 가지므로, 「지혜로운 사람은 '仁'이 추구할 만한 것이기에, 찾으려고 하고 행하려고 한다.」 등의 의미를 가진다고 보았다.

論議

공자는 「仁德의 수양을 갖추지 못한 사람은 빈궁하고 궁핍한 생활을 못견뎌하고, 그렇다고 한없는 욕심 때문에 안락한 생활도 안락하다고 여기지 않는 것이다. 오직 심성이 어진사람만이 자신의 처지에서 어진마음을 간직하고 또 언제나 같은 마음으로 자연스럽게 仁을 실천하고, 지혜로운 사람은 仁이 좋은 것임을 알고 이로움을 알기에 찾고자하고 노력하여 실천하고자 하는 것이다.」라고 하여 본성의 착한 마음을 잃지 말고 더욱 정진할 것이며, 또한 仁에 미치지 못했는가를 반성하여 계속 실천할 것을 가르치고 있다.

論語 精選 24

子曰:「富與貴, 是人之所欲也, 不以其道得
자 왈 부 여 귀 시 인 지 소 욕 야 불 이 기 도 득
之, 不處也. 貧與賤, 是人之所惡也, 不以其道
지 불 처 야 빈 여 천 시 인 지 소 오 야 불 이 기 도
得之, 不去也. 君子去仁, 惡乎成名? 君子無終
득 지 불 거 야 군 자 거 인 오 호 성 명 군 자 무 종
食之間違仁, 造次必於是, 顚沛必於是.」
식 지 간 위 인 조 차 필 어 시 전 패 필 어 시

(里仁 第五)

孔子께서 말씀하시기를 「부귀란 것은 누구나 바라는 것이나 정당한 방법으로 얻은 것이 아니면 누리지 않으며, 貧과 賤은 누구나 싫어하는 것이지만 정당한 방법으로 얻은 것이 아니더라도 버리지 않는다. 군자가 인(仁)을 떠나면 어찌 군자란 이름을 이루겠는가? 군자는 밥 먹는 동안에라도 인(仁)을 떠나서는 안 된다. 급할 때라도 인(仁)에 반드시 의지해야 하고, 넘어지고 엎어지는 때라도 인(仁)에 의지해야 한다.」라고 하셨다.

漢字

富(부자 부)	與(더불어 여)	貴(귀할 귀)	是(이것 시)
欲(바랄 욕)	貧(가난할 빈)	賤(천할 천)	惡(싫어할 오)
去(버릴 거)	成(이룰 성)	名(이름 명)	終(끝날 종)
食(먹을 식)	間(사이 간)	違(어길 위)	造(만들 조)
次(다음 차)	顚(꼭대기 전)	沛(늪 패)	

註釋

1) 不處(불처): 머물러 누린다.

2) 無(무): 여기서는 금지사로 '…하지 마라'의 의미이다.

3) 終食之間(종식지간): 밥 한 끼 먹는 시간.

4) 違仁(위인): '去仁(인을 떠나다)'과 같은 의미로, 仁을 떠나 돌보지 않다.

5) 惡(오): '악할 악', '미워할 오' 자로도 새기지만, 여기서는 의문사 '어찌 오'로 쓰였다.

6) 造次(조차): 급하고 구차할 때(急遽苟且之時).

7) 顚沛(전패): 기울고 뒤집히는 상황.

8) 於是(어시): '於'에 대한 해석이 많으나 '於'를 '生於斯, 長於斯(이곳에서 태어났고, 이곳에서 자라다)'의 '在'의 의미로 보고, '是'는 '이곳', '이것'의 의미의 대명사로 '仁'을 가리킨다. 즉 '在仁'이다. 전체적으로는 '급하고 구차할 때도 仁에 머물러 있어야 하고, 뒤집혀 죽는 상황에서도 仁에 머물러 있어야 한다'고 해석된다. 또는 '必於是'를 '必依於仁'의 생략된 형태로 '반드시 仁에 依(의지)해야 한다'라고 보는 견해도 있다.

論議

貧與賤 是人之所惡也 不以其道 得之 不去也

(一)

주자집주(朱子集註)에서는 「不以其道得之, 謂不當得而得之」라 하여 「得之」의 「得」을 동사로 보고 「之」는 富與貴를 가리킨다고 하였다. 이는 명확하다. 下文의 「貧與賤 是人之

所惡也 不以其道 得之 不去也」의 「得之」는 문제가 있다. 貧賤을 「不以其道得之」란 말이 석연치 않다. 그래서 東漢의 王充(왕충)은 論衡(논형)에서 下句의 「得」 자는 「去」 자의 誤(오)라고 주장하기도 했다. 이는 정당한 방법이 아니면 빈천을 버리지 않는다는 말이니 도리에 맞지만 글자를 고친다는 것이 문제다. 朱註今譯 論語 (김도련 역주, 玄音社)

(二)

중국 인터넷 「百度 百科」에서 「不以其道得之」에서 「得之」를 '擺脫(떨쳐버리다)'로 해석하고 있음을 볼 수 있다. 그런데 왜 '擺脫'로 해석이 되는지는 설명이 없다. 이러한 해석을 李里(이리)가 편찬한 《論語講義(논어강의)》(廣西師範大學出版社, 07年)라는 책에서 다음과 같은 설명을 볼 수 있다.

『「不以其道得之」, 여기서의 「得之」는 '버리다(失去)'로 해석해야 한다. 즉 '떨쳐버리다', '벗어버리다(擺脫)'이다. 만일 정당한 방법으로 貧賤을 떨치지 못한다면 난 받아들이지 않는다("不以其道得之", 這裏的"得"應該當失去講, 意卽擺脫. 如果不是以正道去擺脫貧賤的話, 我也不會接受.)』라고 말하고 있다. 여기서도 '得之'가 왜 '得(얻을 득)' 자의 반대의 의미를 가지는 '失去' 또는 '擺脫'의 의미로 해석이 되어야 하는지에 대해서 설명이 없다.

論語 精選 25

子曰:「不患無位, 患所以立. 不患莫己知, 求
자 왈 불 환 무 위 환 소 이 립 불 환 막 기 지 구
爲可知也.」 (里仁 第十四)
위 가 지 야

孔子가 말씀하시기를「지위가 없음을 걱정하지 말고, 지위에 설만한 자격을 갖출 것을 걱정하라. 나를 알아주지 않음을 걱정하지 말고, 알아줄 수 있는 것에 힘써라.」라고 하셨다.

漢字

患(근심 환) 位(자리 위) 立(설 립) 莫(없을 막)
己(나 기) 求(구할 구) 爲(할 위)

註釋

1) 無位(무위): '지위가 없다'. '자신이 앉아 있어야 할 자리가 없다'로 해석할 수 있다. 여기서의 '位'는 명사다.

2) 患所以立(환소이립): '所以'는 동사 또는 전치사 그리고 접속사 등의 다양한 의미로 쓰인다. 여기서의 '所以'는 뒤에 동사인 '立'(그 직위를 맡다) 자를 취하여 명사구를 만든다. '까닭', '원인' 등으로 새길 수 있다. 즉 '그 자리를 온전하게 맡을 수 있는 이유나 실력이 있는지를 걱정(患)한다'로 해석할 수 있다.

3) 莫己知(막기지): '莫知己', 여기서의 '莫'은 '無(없다 무)' 자의 의미로 '자신을 알아주는 사람이 없다'로 해석이 된다.

4) 求爲可知也(구위가지야): '求'는 '찾다', '탐색하다'의 의미이고, '爲可知'는 '알 수 있게 하다', 즉 '자신이 얼마나 덕이 있는 사람인지, 학식을 갖추고 있는지, 아니면 재능이 있는 사람인지를 알 수 있도록 애써 찾아야 한다.'라고 해석을 할 수 있다.

論語精選 26

子曰:「參乎! 吾道一以貫之.」曾子曰:「唯.」
자왈 참호 오도일이관지 증자왈 유

子出, 門人問曰:「何謂也?」曾子曰:「夫子之
자출 문인문왈 하위야 증자왈 부자지

道, 忠恕而已矣!」 (里仁 第十五)
도 충서이이의

孔子가 말씀하시기를 「參아! 내 道는 하나로 꿰어져 있느니라.」라고 하셨다. 曾子는 「예!」라고 대답하였다. 공자께서 나가시자 다른 문인들이 묻기를 「무엇을 이르신 것입니까?」 曾子는 대답하기를 「선생님의 道는 忠恕일 뿐입니다.」라고 하였다.

漢字

參(석 삼) 吾(나 오) 貫(꿸 관) 唯(오직 유)
夫(사나이 부) 忠(충성 충) 恕(용서할 서)

註釋

1) 曾子(증자): 이름은 삼(參, 참이라고 부르기도 함), 사는 자여(子輿)이며, 산둥성(山東省)에서 출생하였다. 曾點(증점)의 아들이다.
2) 唯(유): '唯'란 대답을 속히 하고 의심이 없는 것이다.
3) 一以貫之(일이관지): '貫'은 '通(통하다)'의 의미를 가진다. '하나로

써 꿰뚫다', '일관성이 있다'의 의미를 가진다. 즉 '내가 주장하는 진리는 하나의 도리로써 일관할 수 있다. 그 일관된 도리는 忠과 恕이다.'가 전체적인 의미이다.

4) 夫子(부자): 덕행이 높아 모든 사람의 스승이라는 의미이다. 孔子(공자)를 '孔夫子'라고도 칭한다. 공자를 일컫는 영어 콘휴셔스(Confucius)는 존칭인 공부자(孔夫子)의 라틴어식 표기이다.

5) 忠恕(충서): 아래 '論議' 참조.

論議

忠恕

朱子는 忠恕를 '盡己之謂忠, 推己之謂恕'라 하여 모든 일에 자신의 마음을 다하는 것을 '忠'이라 하였고, 자신의 마음을 미루어 다른 사람을 세심히 살피는 것을 '恕'라고 해석하였다. '忠'은 자기 자신에 대한 요구이고, '恕'는 다른 사람에 대한 태도이다. 예를 들어, 스승은 최선을 다하여 제자들을 교육하는 것이고, 학생은 최선을 다하여 공부를 하는 것이 바로 '忠'인 것이다. '恕'는 용서이고 관용이다. 자신을 살피듯이 남을 살피고 배려해야 용서가 되는 것이 아닌가? 즉 '忠'의 태도는 '己欲立而立人, 己欲達而達人(자신이 서고자 하면 남을 먼저 세우고, 자신이 현달하고자 하면 먼저 남을 현달하게 해주어라)'이고. '恕'는 '己所不欲, 勿施於人(자신이 하기 싫은 일을 남에게 시키지 말라)'가 태도일 것이다. 儒家에서의 '忠恕'는 '仁義(인의)'를 실천하고 실현할 수 있는 바탕이 되는 것이고, 기점이 되는 것이다.

論語 精選 27

子曰:「見賢思齊焉, 見不賢而內自省也.」
자 왈　　견 현 사 제 언　견 불 현 이 내 자 성 야

(里仁 第十七)

孔子가 말씀하시기를 「어진 이를 보거든 그와 같아지기를 생각하고, 어질지 못한 사람을 보거든 내 스스로 반성해 보아야 한다.」라고 하셨다.

漢字

見(볼 견)　賢(어진 사람 현)　思(생각할 사)　齊(같게 할 제)
焉(어조사 언)

註釋

1) 언(焉): 종결어미로 쓰이지만 때때로 '어시(於之)'의 준말로도 쓰인다. '見賢思齊焉', 즉 '見賢思齊於之'이고 '見賢思齊於賢'인 것이다. '어진 이를 보거든 그 어진 이와 같아지기를 생각한다'의 의미이다.

2) 省(성): 반성하다, 살피다, 깨닫다.

論議

他山之石(타산지석)

다른 산의 나쁜 돌이라도 자신의 옥돌을 가는 데에 쓸 수 있다는 뜻으로, 본이 되지 않은 남의 말이나 행동도 자신의 지식과 인격을 수양하는 데에 도움이 될 수 있음을 비유적으로 이르는 말을 '他山之石(타산지석)'이라고 한다. 그런데 요즘은 '反面教師(반면교사)'라는 말이 심심치 않게 들린다. '反面教師' 또한 '다른 사람이나 사물(事物)의 부정적(否定的)인 측면(側面)에서 가르침을 얻음을 이르는 말'인데, 원래 중국공산당 문화혁명 때 사용됐던 말로, 반동적이고 반혁명적인 인물을 거울삼아 자신의 실수나 잘못을 줄이는 것을 의미했다. 중국어에서는 '反面教員(반면교원)', '反面教材(반면교재)'라는 말도 함께 쓴다.

인터넷에서 「청소년 시절에는 역사적으로 훌륭한 사람들과 현실 속에서 모범이 되는 어른들의 행실을 보고 배우면서 성장해 왔는데 요즘은 오히려 악인이나 혐오하는 사람들에게서 많은 것을 배우고 있다. 그렇게 된 까닭은 세상이 발전함과 비례하여 온갖 범죄가 증가한 탓이 크고 내가 耳順(이순)의 나이를 지나면서 선악을 확실히 구분하여 악한 길에는 들어서지 않고 될 수 있는 대로 좋은 일을 하면서 선량하게 살아야겠다는 생각이 자리 잡고 있기 때문이다.」라는 글을 보았다.

'요즘은 오히려 악인이나 혐오하는 사람들에게서 많은 것을 배우고 있다'라는 말이 무척이나 재미가 있었다. 우리말이 참으로 매력적이다. 착함을 보고 나도 따라 착해지려고 노력하고, 나쁜 행위를 보고는 저렇게 되지는 말자라는 내 자신을 다독거린다는 말일 것이다. 즉 '他山之石'과 '反面教師'로 삼고자 하는 것이다.

사람의 심성은 착한 것으로, 어렸을 때는 마음이 순수하고 바르기 때문에 좋은 것만 눈에 들어오고 누가 시키지 않아도 착하고 바르게 성장하는 것일 것이다. 나이가 들어 점점 세태에 눈을 뜨고 방어적인 삶을 살아가야 하고, 신문방송에 착한 소식보다는 악행을 부각하여 시선을 집중하려는 의도 등으로, 삶과 생각이 자신도 모르게 휘어져가고 있는 것이다. 그래도 바른 삶은 살아가야 하기 때문에 자신을 추스르고, 닮지 않으려고 반성하면서 바르게 살아가는 것이다. 세상은 악행보다 선행이 많고, 나쁜 사람보다 착한 사람이 많은 법이다.

論語精選 28

子曰:「事父母幾諫, 見志不從, 又敬不違, 勞而不怨.」
자왈 사부모기간 견지부종 우경불위 노이불원

(里仁 第十八)

孔子가 말씀하시기를 「부모를 섬기매 완곡하게 자신의 의견을 여쭙고, 부모가 말을 따라주지 않는다 하더라도 더욱 존경해야 하고 어기지 말아야 하며, 괴로워도 원망하지 않아야 한다.」라고 하셨다.

漢字

事(섬길 사) 幾(기미 기) 諫(간할 간) 見(나타날 현)
從(좇을 종) 又(다시 우) 敬(공경할 경) 違(어길 위)
勞(근심할 노) 怨(원망할 원)

註釋

1) 幾諫(기간): '幾'에 대해 茶山(다산)은 朱子集註(주자집주)의 '微也(작다)'를 따라서 가벼운 말이나 돌려서 하는 말투라고 하였는데, 다만 「直諫(직간)이 아닌 微意(미의)로 풍간(諷諫)하여 스스로 깨닫게 하는 것이다.」고 보완을 했음. (金都鍊·朱注今 譯 論語)

2) 見志不從(견지부종): '자신의 뜻(志)을 부모가 따르지 않음을 보다'로 볼 수도 있고, '見'의 음을 '현'으로 읽고, '現(드러날 현)'으로

해석하는 경우다. 즉 '자신의 간함을 따르지 않음이 드러나다'로 해석할 수도 있다.

3) 勞而不怨(노이불원): '勞'는 '근심하다'의 의미로, '부모를 대신하여 근심하고 원망하지 않는다'라고 해석이 된다. 茶山은 '아무리 괴로워도 원망해서는 안 된다'라고 해석하고 있음을 볼 수 있다. 또는 '힘이 들더라도 원망하지 않는다.'라는 해석도 볼 수 있다.

論語精選 29

子曰:「父母在, 不遠遊, 遊必有方.」
자 왈 부 모 재 불 원 유 유 필 유 방

(里仁 第十九)

孔子가 말씀하시기를「부모가 살아 계시거든 멀리 가지 않으며, 가더라도 반드시 가는 곳을 밝혀야 할 것이다.」라고 하셨다.

漢字

在(있을 재) 遠(멀 원) 遊(놀 유) 必(반드시 필)
方(방향 방)

論議

부모의 마음을 편하게 해드리는 것이 효도라고 한다. 부모 마음을 불안하게 하면 그런 짓이 곧 불효(不孝)이다. 자식이 밖에 나가 어디서 무얼 하는지 모르면 부모는 불안하게 마련이다. 공자가 살고 있는 시대가 아니라도 교통수단이나 전화기가 지금처럼 발달되지 않은 삼사십년 전까지만 하더라도 집을 떠나 먼 곳을 간다는 것은 그리 간단한 문제가 아니었을 것이다. 혹 사고라도 생기고 부모님에 탈이 생겼다면 어떻게 연락을 하고 대처해야 했을까? 지금이야 핸드폰이나 각종 교통수단이 발달했으므로, 「연로하신 부모님이 생존해 계시거든 부모님이 걱정을 덜하시게 멀리 떠나는 여행을 삼가고, 혹 떠나더라도 반드시 핸드폰을 열고 잘 있다고, 화상전화라도 자주 드려라!」라고 하신 말씀이다.

論語精選 30

子曰:「父母之年, 不可不知也. 一則以喜, 一則以懼.」
자왈 부모지년 불가부지야 일즉이희 일칙이구

(里仁 第二十一)

孔子가 말씀하시기를「부모의 나이를 모르고 있어서는 안 된다. 한편으로는 기쁘고 한편으로는 두려운 것이다.」라고 하셨다.

漢字

父(아비 부) 母(어미 모) 可(가할 가) 則(곧 즉)
喜(기쁠 희) 懼(두려울 구)

論議

부모

내일이 바로 5월 8일 어버이날이다. 이맘때면 누구나 부모의 은혜를 새삼스럽게 떠올린다. 출산의 고통을 겪으며 낳아주고 정성과 희생으로 길러 주신 부모의 공덕을 생각하게 된다. 어버이날은 원래 어머니날로 제정, 운영돼 오다 부모의 은혜를 함께 기리는 날로 발전해 오늘에 이른다.

어머니날은 지난 1956년 국가기념일로 제정돼 17회까지 운영된다. 그러나 1973년 3월 30일 정부가 각종 기념일 등에 관한 규정을 개정, 어버이날로 바꾼 것이다. 그 명칭이 어찌됐든 부모에 대한 은혜를 기리자는 기본정신은 마찬가지다. 세월이 아무리 흘러도 변할 수 없는 것이 효의 정신이요, 가치인 것이다.

우리나라뿐만 아니라 다른 나라에서도 거의 공통적으로 부모에 대한 공경의 풍습이 전해진다. 미국은 매년 7월의 네번째 일요일을, 베트남은 매년 7월 7일을 어버이날로 운영하고 있다. 여러 나라가 이처럼 어버이날을 국가기념일로 제정 운영하는 것은 그만한 이유가 있다. 효도가 개인이 실천해야 할 도덕률인 동시에 국가공동체의 정신적 배경이 되는 때문이다.

"아버지는 나의 삶을 있게 하셨고 / 어머니는 고생하며 키워주셨지 / 쓰다듬어 주시고 먹여주시고 / 키우시고 감싸주셨네 // 언제나 돌보시고 보살피셨지 / 들고나며 따뜻이 보살피셨지 / 크나큰 그 은덕 갚으려해도 / 저 넓은 하늘 끝이 없구나." 시경(詩經)에는 갚을 길 없는 부모의 은혜를 이렇게 표현하고 있다.

조선시대 문신 정철(鄭澈)도 가없는 부모의 은덕을 다음과 같이 노래했다. "아버님 날 낳으시고 어머님 날 기르시니 / 두 분곳 아니시면 이 몸이 살았을까 / 하늘 같은 가없는 은덕을 어디 대어 갚사오리" 중국 당나라 현종 때 대신이자 시인이기도

한 장구령(張九齡)은 "사람은 누구나 아플 때면 반드시 아버지 어머니를 외친다(人有痛者 必呼於父母)"고 했다.

논어(論語) 이인(里仁)편에는 이런 말이 나온다. "부모의 연세를 몰라서는 안 되니 한편으로 기쁘고 한편으로 두렵다(父母之年 不可不知也 一則以喜 一則以懼)"는 구절이다. 부모가 지금 살아 계신 것이 한편으로 기쁘지만, 부모의 고령이 한편으로 걱정스럽고 안타깝다는 뜻이다. 어버이날은 해마다 돌아올 것이지만 부모는 또 언제까지 기다려 주지 않는다는 것이다.

김상수 논설위원 (강원일보 2009.05.07.)

公冶長篇(공야장편)

論語 精選 31

宰予晝寢, 子曰:「朽木, 不可雕也, 糞土之牆,
재 여 주 침 자 왈 후 목 불 가 조 야 분 토 지 장

不可杇也. 於予與何誅?」子曰:「始吾於人也,
불 가 오 야 어 여 여 하 주 자 왈 시 오 어 인 야

聽其言而信其行. 今吾於人也, 聽其言而觀其
청 기 언 이 신 기 행 금 오 어 인 야 청 기 언 이 관 기

行, 於予與改是.」 (公冶長 第十)
행 어 여 여 개 시

宰予가 낮에 낮잠을 자자, 공자가 말씀하시기를 「썩은 나무는 조각을 할 수 없으며, 썩은 흙담은 흙손질을 할 수 없는 것이다. 宰予에게 무엇을 꾸짖을 것인가?」라고 하셨다. 孔子는 말씀하시기를 「처음에 내가 사람들에게 말을 듣고 그 행실을 믿었는데, 이제는 내가 사람들에게 말을 듣고 그 행실까지 살피게 되었다. 宰予로 인해 이 관념을 고치게 되었다.」라고 하셨다.

漢字

宰(주관할 재)	予(나 여)	晝(낮 주)	寢(잠잘 침)
朽(썩을 후)	雕(새길 조)	糞(똥 분)	牆(담장 장)
杇(흙 손 오)	與(어조사 여)	於(대할 어)	觀(살필 관)

始(처음 시)　　聽(들을 청)　　信(믿을 신)　　今(이제 금)

註釋

1) 宰予(재여): 공문(孔門) 중에서 언어(言語)에 뛰어났다. 성은 宰(재)이고 이름은 予(여)이며, 字는 子我(자아)이다.
2) 晝寢(주침): 한 낮에 잠을 자다.
3) 不可雕(불가조): '雕'는 '조각하다'. '不可雕'는 宰予를 교육할 수 없음을 비유한 것이다.
4) 糞土之牆(분토지장): '糞土'는 썩은 흙. '糞土之牆'은 썩은 흙으로 쌓은 담. 즉 宰予의 재목되지 못함을 비유한 것이다.
5) 杇(오): '杇'는 미장이가 벽을 바를 때 사용하는 공구, 즉 흙손인데, 여기서는 동사로 '벽을 바르다'의 의미이다.
6) 誅(주): '베다', '죽이다'의 의미지만, 여기서는 '책망하다', '벌하다'의 의미이다. '於予與何誅'는 '與'는 '歟(어조사 여)'의 의미로 '宰予에게 무엇을 꾸짖을 것이냐'의 의미이다.
7) 改是(개시): 이러한 생각이 변하였다. '是'는 대명사로 '聽其言而信其行'을 가리킨다.

論議

공자는 자신의 제자의 그릇된 행동에 대하여 비유를 들어 나무라고 있지만 그렇다고 포기하지 않은 것 같다. 공자를 모신 대성전에 宰予를 비롯한 열두 賢人(현인)이 모셔져 있는데, 그 가운데 宰予가 있으니 말이다. 아마 자신의 잘못을 깨닫고 정진을 했을 것이다.

낮잠을 자 소중한 시간을 허비하고 밤에는 인터넷이나 오락을 하면서 밤새는 사람이 많다. 한의학에서는 우리가 잠을 자는 밤중에 콩팥에서 골수 등의 사람이 필요한 모든 정기가 생성된다고 한다. 밤새 일을 하고 밤잠을 자지 않으면 입에 침이 마르고, 결국은 건강을 해치게 된다. 아무리 건강하고 총명한 사람도 몸과 마음이 썩어 문드러지고 피폐해져서 공자가 말한 '朽木'과 '糞土'처럼 아무쓸모가 없는 사람이 된다. 자연의 이치에 순응하여 일찍 자고 일찍 일어나는 습관을 가져야 할 것이다.

論語精選 32

子貢問曰:「孔文子何以謂之文也? 子曰:「敏
자 공 문 왈　공 문 자 하 이 위 지 문　자 왈　민
而好學, 不恥下問, 是以謂之文也.」 (公冶長 第十五)
이 호 학　불 치 하 문　시 이 위 지 문 야

子貢이 묻기를 「孔文子를 어찌하여 文이라는 시호를 받았습니까?」라고 하자, 공자는 말씀하시기를 「총명하고 배우기를 좋아했으며, 아랫사람에게 묻는 것을 부끄러워 하지 않았다. 그러므로 文이라고 이른 것이다」라고 하셨다.

漢字

貢(바칠 공)　問(물을 문)　何(어찌 하)　謂(일컬을 위)

註釋

1) 孔文子(공문자): 衛(위)나라 大夫(대부)로 이름은 圉(어)이다.
2) 孔文子는 공숙질(孔叔疾)로 하여금 본부인을 쫓아내게 하고는 자기 딸을 그에게 시집을 보냈다. 그런데 문제가 터지고 말았으니, 孔叔疾이 본부인 여동생과 정을 통하고 있는 사실이 발각되었다. 이때 孔文子는 화가 단단히 나서 孔叔疾을 치려고 孔子를 방문하였다. 이에 孔子는 대답하지 않고 수레를 타고 도망치듯 떠났다. 孔叔疾은 이에 겁을 먹고 송(宋)으로 달아나고 말았다. 이에 孔文子는 孔叔疾 아우 孔遺(공유)로 하여금 자신의 딸을 아내로 맞이하게 하였다.

그 사람됨이 이와 같거늘 시호(諡號)를 '文'이라 하였으므로, 이것을 子貢이 의심하여 물은 것이다. 공자는 '명민하면서도 배우기를 좋아하였으며, 아랫사람에게 묻기를 부끄럽게 여기지 않았다'는 이런 구석이 있었기 때문이라고 설명하고 있다.

論語精選 33

季文子三思而後行, 子聞之曰: 「再, 斯可矣.」
계 문 자 삼 사 이 후 행 자 문 지 왈 재 사 가 의

(公冶長 第二十)

季文子가 세 번 생각해본 다음에야 행동으로 옮겼다. 공자께서 그 말을 들으시고 「두 번이면 된다.」라고 하셨다.

漢字

季(끝 계) 思(생각할 사) 後(뒤 후) 行(행할 행)
斯(이 사)

註釋

1) 季文子(계문자): 魯(노)나라 大夫(대부)로 季孫氏(계손씨)의 후손이다. 이름은 行父(행보), 諡號(시호)가 文(문)이다. 학식이 깊고 충성스러웠으며 매우 신중했다 한다.
2) 三思(삼사): 재삼 생각하다. '三'은 허수로 여러 차례를 나타내는 말.
3) 再(재): '再' 뒤에 '思'가 생략되었다.
4) 斯(사): '斯'는 '쪼개다', '가르다'의 의미를 나타내는 글자지만, 사물을 나타내는 대명사 '이것'이라는 의미와 '則(즉)' 자와 같이 접속사로도 쓰인다. 여기서는 '곧'의 의미를 가진다.

論議

'論語' 公冶長(공야장)편의 이 장에서 공자는 두 번 세 번 생각하는 것도 좋지만, 그러나 생각만하고 결단을 못하는 優柔不斷(우유부단)함을 경계하고 있다.

季文子(계문자)는 춘추 시대 魯(노)나라 대부로 이름은 行父(행보, 행부가 아님)이다. 文子는 죽은 뒤에 조정에서 내린 諡號(시호)이다. 문공(文公)과 선공(宣公), 성공(成公), 양공(襄公) 4대를 섬기면서 깊은 신뢰를 쌓은 현인이다. 그러면서도 집에는 비단옷을 입은 첩(妾)이 없고, 마구간에는 곡식을 먹는 말이 없었으며, 창고에는 금옥중기(金玉重器)가 없어 사람들이 청렴하고 충직한 사람이라 칭송했다고 한다.

季文子(계문자)는 재능과 지혜를 겸비한 사람이었지만, 평소 생각이 치밀하고 용의주도해 빈틈이 없었다고 한다. 예를 들어 晉(진)나라에 사신으로 갈 때, 喪(상)을 당했을 때의 禮(예)까지 알아보고 갈 정도로 신중을 기하는 인물이다.

그런데 宣公(선공)이 찬탈로서 임금이 되었을 때, 季文子(계문자)가 막지 못하고 도리어 그를 위하여 齊(제)나라에 사신으로 가 뇌물까지 바쳤으므로, 이 程子(정자)는 "악한 짓을 하는 사람은 당초 생각을 않는다. 생각이 있으면 착한 일을 하게 된다. 그러나 생각이 두 번에 이르면 이미 살핀 것이면, 세 번을 하게 되면 사사로운 생각이 일어나 도리어 현혹하게 된다."라고 季文子(계문자)의 행실을 폄하하고 있다.

공자도 季文子(계문자)의 행실을 전해 듣고, 행동으로 옮기기 전에 깊이 생각해 보는 것은 당연한 일이지만, 너무 깊이 생각하다 보면 오히려 마음에 의심이 생겨 올바른 판단을 하지 못하게 되므로, 두 번만 생각하면 그로써 충분하다고 비꼬고 있는 것이다. 지나친 생각보다는 실천의 결단이 중요함을 강조하고 있다.

雍也篇(옹야편)

論語精選 34

哀公問:「弟子孰爲好學?」孔子對曰:「有顔回者好學, 不遷怒, 不貳過, 不幸短命死矣! 今也則亡, 未聞好學者也.」 (雍也 第二)

애공문 제자숙위호학 공자대왈 유안회자호학 불천노 불이과 불행단명사의 금야즉망 미문호학자야

魯(노)나라의 哀公이 묻기를 「제자들 중에 누가 배우기를 좋아합니까?」라고 하였다. 공자께서 대답하시기를 「顔回라는 제자가 있었는데 배우기를 좋아했습니다. 顔回는 노여움을 옮기지 아니하며, 잘못을 두 번 거듭하지 않았습니다. 그런데 불행하게도 명이 짧아 죽었습니다. 이제는 없습니다. 그 뒤로는 여태껏 배우기를 좋아하는 자가 있는지 들은 바가 없습니다.」라고 하셨다.

漢字

孰(누구 숙)	爲(할 위)	學(배울 학)	貳(두 이)
好(좋아할 호)	遷(옮길 천)	怒(성낼 노)	過(허물 과)
幸(바랄 행)	短(짧을 단)	命(목숨 명)	死(죽을 사)

今(이제 금)　　亡(죽을 망)　　未(아닐 미)　　聞(들을 문)
弟(나이어린 사람 제)

註釋

1) 顔回(안회): 춘추 시대 말기 노(魯)나라 사람. 자가 자연(子淵)이라 안연(顔淵)으로도 불린다. 공자가 가장 신임했던 제자로, 공자보다 30살 어렸지만 공자보다 먼저 죽었다. 학문과 덕이 높아서 공자도 그를 가리켜 학문을 좋아하는 사람이라고 칭찬했고, 또 가난한 생활을 이겨내고 도를 즐긴 점을 높이 샀다.
2) 貳(이): '貳'는 다시 되풀이 하는 것이다. 갑에게 노여웠던 것을 을에게 옮기지 아니하며, 앞서 있던 허물은 뒤에 다시 되풀이 하지 않음이다.
3) 亡(망): 朱子(주자)는 '亡'을 '無(무)'로 보아 이같이 배우기를 좋아하는 제자가 없다는 뜻으로 해석했는데 반해 茶山(다산)은 '亡(망)'으로 보아 죽었다고 이해했다.

論議

史記(사기) 仲尼弟子列傳(중니제자열전)에서의 顔回(안회)

안회(顔回)는 노(魯)나라 사람이며 자(字)는 자연(子淵)이다. 그는 공자보다 30년 연하이다(顔回者, 魯人也, 字子淵. 少孔子三十歲.).

안연(顔淵)이 인(仁)을 물었다. 공자는: 「자기의 사욕을 이겨 예(禮)로 돌아가는 것이다. 모두가 그러면 천하는 다 어질게 될 것이다」라고 하셨다(顔淵問仁, 孔子曰 : 「克己復禮, 天下歸仁焉.」).

공자는 안회(顔回)에 대해서: 「현(賢)하도다, 회(回)여! 한 그릇의 밥과 한 그릇의 마실 것으로 누추한 마을에 산다면, 다른 사람들은 그것을 견뎌내지 못할 것이거늘, 안회(顔回)는 아랑곳없이 자기가 즐거워하는 바를 바꾸지 않는다.」라고 하셨다. (孔子曰: 「賢哉回也! 一簞食, 一瓢飮, 在陋巷, 人不堪其憂, 回也不改其樂.」)

안회(顔回)는 어리석은 것 같이 보였는데, 그가 나에게 물러나 어떻게 생활하는가를 살펴보니, 내가 가르쳐준 바를 충분히 발휘하고 있었다. 안회는 어리석지가 않다. (回也如愚; 退而省其私, 亦足以發, 回也不愚.)

등용되면 배운 道를 행하고, 내침을 받으면 道를 간직하는 것은 오직 나와 너만 행할 수 있다. (用之則行, 捨之則藏, 唯我與爾有是夫!)

안회(顔回)는 나이 29살에 머리가 하얗게 되어 일찍 죽었다. 공자가 통곡하면서 말하기를: 「나에게 안회가 있고부터 문인들이 나에게 더욱 친근했는데.」라고 하셨다. 노나라 애공이 묻기를: 「제자 중에 누가 학문을 좋아합니까?」 하니, 공자가 대답하기를: 「 안회(顔回)라는 자가 있어 학문을 좋아하고 노여움을 옮기지 않고 (같은) 잘못을 두 번 저지르지 않았습니다. 그러나 불행하게도 목숨이 짧아서 죽고 지금은 없습니다."라고 했다. (回年二十九, 髮盡白, 蚤死. 孔子哭之慟, 曰 : 「自吾有回, 門人益親.」 魯哀公問 : 「弟子孰爲好學 ?」 孔子對曰 : 「有顔回者好學, 不遷怒, 不貳過. 不幸短命死矣, 今也則亡.」

論語精選 35

子曰:「質勝文則野, 文勝質則史. 文質彬彬,
자왈 질승문즉야 문승질즉사 문질빈빈

然後君子.」 (雍也 第十六)
연후군자

孔子께서 말씀하시기를 「바탕(質)이 겉꾸밈(文)보다 두드러지면 촌티(野)가 나고, 겉꾸밈(文)이 바탕(質)보다 두드러지면 문서를 다루는 벼슬아치(史) 티가 난다. 文과 質이 고루 어우러진 뒤에야 君子(군자)인 것이다.」라고 하셨다.

漢字

質(바탕 질) 勝(이길 승) 文(무늬 문) 野(거칠 야)
史(역사 사) 彬(빛날 빈)

註釋

1) 質勝文則野(질승문즉야): '質'은 '내용(內容)'을 말함이고, '文'은 원래 '무늬'를 나타내는 '紋(무늬 문)' 자의 원래의 글자이므로 '형식(形式)'을 나타내고 있다. '野'는 '투박하다', '거칠다'의 의미이다. 한 사람이 많은 학식을 갖추고 배 속에 든 것이 많아도, 예의가 없고 거지꼴을 하고 있다면 천해 보이고 비루해 보인다는 의미이다.

2) 文勝質則史(문승질즉사): 송(宋)의 주희(朱熹)는 '史'를 '문서를 다루는 사람이다. 관리는 많이 듣고 일에 능숙하나 성의가 혹 부족하다'으로 해석하고 있다. 즉 다듬고 꾸며 겉만 화사할 뿐이란 의

미이다.

3) 文質彬彬(문질빈빈): '彬彬'은 적절하게 잘 조화를 이룬 상태의 뜻으로, 형식적인 문채와 실질적인 바탕이 조화를 이루고 균형을 이룸을 말한다. 글을 쓰든 아니면 그림을 그리든 또는 사람 노릇을 하던지 내용과 형식이 아니면 겉과 속이 또는 사람됨과 옷차림이 조화를 이뤄야 비로소 좋은 글이고, 하나의 참인간이 된다는 비유이다.

論議

文質彬彬(문질빈빈)이라는 말은 儒家에서 내용과 형식을 말하는 가장 중요한 한 구절이다. '質'은 내용이고, '文'은 형식을 말함이다. '野(야)'는 粗雜(조잡; 거칠고 잡스럽고 막되다)함이며, '史(사)'는 浮華(부화; 겉만 화려하고 실속이 없다)를 말함이다. 만일 내용이 형식보다 강하면 투박하고 조잡하게 보이고, 형식이 내용을 압도하면 생명력이 없어지는 것이다. 文質彬彬(문질빈빈)이란 내용과 형식이 조화를 이루는 것을 말하는데, 이것이 곧 '彬彬'이고, 바로 균형인 것이다.

겉만 번지르 하고, 속에 든 것이 없다면, 속빈 강정이고, 학식을 갖추고 머리에 든 것이 있을 지라도, 기백이 없고 단정치 못하다면 제대로 평가를 받지 못하는 법이다. 속과 겉이 조화를 이뤄야 진정 아름답고 멋진 법이다.

論語 안연(顔淵)편에는 '文'과 '質'에 관해서 다음과 같은 설명을 볼 수 있다. 「극자성(棘子成)이 말하기를: "군자는 質(질박

함)이 있을 따름인데, 어디에 文(문채)을 어디에 쓰겠습니까?"라고 했다. 자공(子貢)이 말하기를: "애석합니다. 선생께서 군자를 그렇게 평하시니 말입니다. 말이란 한 번 해버리면 네 마리의 마차로도 따라갈 수가 없는 법입니다. '文'도 '質'과 같고, '質'도 '文'과 같습니다. 범이나 표범의 털 없는 가죽은 개나 양의 털 없는 가죽과 마찬가지입니다.」라고 하였다. 즉 극자성(棘子成)이라는 사람이 형식적인 것을 무척 싫어하였으므로 이에 '군자에게 아름다움 바탕이 갖춰져 있는 것으로도 충분한데, 형식적인 禮가 무슨 필요가 있는가?' 물었던 것이다. 자공(子貢)은 극자성(棘子成)의 이러한 君子論(군자론)에 실망하여, 한번 뱉은 말은 주워 담을 수 없다는 비유를 했으며 호랑이 가죽도 털이 없으면 개가죽과 똑같아서 구분할 수가 없다고 한 것이다. 형식과 내용이 똑 같이 중요함을 강조하고 있음을 볼 수 있다. 아마도 이런 관점이 다른 학파와는 다르게 儒家(유가)의 한 특징이라고 말할 수 있을 것이다.

論語 精選 36

子曰:「知之者, 不如好之者, 好之者, 不如樂之者.」
자왈 지지자 불여호지자 호지자 불여낙지자

(雍也 第十八)

공자께서 말씀하시기를「알기만 하는 사람은 좋아하는 사람만 못하고, 좋아하는 사람은 즐기는 사람만 못하다.」라고 하셨다.

漢字

知(알 지) 之(그것 지) 如(같을 여) 好(좋아할 호) 樂(즐길 락)

論議

공자는「학문이든 자신이 좋아하는 무엇이든 그것이 자신에게 유익함을 아는 사람은 더 나가 자신이 알고 있는 그것을 진정으로 좋아하는 사람보다 못하고, 학문이든 자신이 좋아하는 무엇이든 그저 좋아만 하는 사람은 더나가 진정으로 자신이 좋아하는 것을 즐기는 사람보다 못한다.」라고 하여 학문을 하는 순서는 얕은 것으로부터 깊은 곳으로, 안다는 것으로부터 점점 깊이 들어가 진정으로 좋아하고 즐기는 경지까지 가야 한다고 가르치고 있다.

論語精選 37

樊遲問知 子曰:「務民之義, 敬鬼神而遠之,
번 지 문 지 자 왈 무 민 지 의 경 귀 신 이 원 지
可謂知矣.」問仁 曰:「仁者先難而後獲, 可謂
가 위 지 의 문 인 왈 인 자 선 난 이 후 획 가 위
仁矣.」
인 의

(雍也 第二十)

樊遲가 지혜에 대하여 묻자 공자께서 말씀하셨다:「사람이 지켜나갈 도의에 힘쓰고, 귀신을 존경하되 멀리하면 지혜라 할 수 있다.」번지가 인(仁)을 묻자 공자께서「인자(仁者)는 어려운 일을 먼저하고, 얻는 것을 뒤로 하면 인(仁)이라고 할 것이다.」라고 하셨다.

漢字

務(힘쓸 무) 義(옳을 의) 敬(공경할 경) 鬼(귀신 귀)
神(귀신 신) 遠(멀리할 원) 先(먼저 선) 難(어려울 난)
獲(얻을 획)

註釋

1) 民之義(민지의): '民'은 '人(인)'의 의미를 가진다. '義'는 禮記(예기) 예운편(禮運篇)에 '人義(인의)'라고 이야기 한 것으로 사람들이 응당해야 할 일상적이고 인륜적인 일을 말하는 것이다. 예기(禮記)·예운(禮運)편에 人義(인의)가 10가지로 기술되어 있다. 부자

(父慈), 자효(子孝), 형량(兄良), 제제(弟悌), 부의(父義), 부청(婦聽), 장혜(長惠), 유순(幼順), 군인(君仁), 신충(臣忠)이 그것이다. 이를 인의십자(人義十者)라고 한다.

2) 知(지): '智(지혜 지)'와 통한다. 論語(논어)에서 知(지)라고 하면 오늘날 말하는 知識(지식)이 아니라 知慧(지혜)를 뜻한다.

論議

공자의 人道主義(인도주의)

孔子도 사람 위에 主宰(주재)의 天이 존재함을 인정하지 않은 것은 아니지마는 天의 觀點(관점)에서 사람을 보려고 하지 않고, 사람의 觀點에서 天이나 神을 보려고 하였다. 그러므로 <論語> 先進(선진)에서 이르기를 「季路(계로)가 귀신 섬기는 일을 물으니, 孔子 말하기를 아직 사람을 섬기지도 못하는데 어떻게 귀신을 섬길 수 있겠느냐?(季路問事鬼神. 子曰: "未能事人, 焉能事鬼?")」고 하였고, 또 죽음을 물을 때에 「아직 삶을 알지 못하는데 어떻게 죽음을 알겠느냐?(曰: "敢問死." 曰: "未知生, 焉知死?")」고 하였다. 孔子는 우선 인생의 당면문제로 사람이니 神(신)을 섬기고, 죽음을 말하는 종교문제보다 사람이 사람을 섬기고 生을 알려고 하는 倫理(윤리) 문제를 해결하려고 하였다.

다시 말하면 生의 道德的(도덕적) 의의를 알려고 하였다. 그러므로 <論語> 顔淵(안연)에서 樊遲(번지)가 仁을 물을 때에 孔子는 「사람을 사랑하라(樊遲問仁. 子曰: "愛人").」고 하였고, 또

知를 물을 때에 「사람을 알라(問知. 子曰: "知人").」고 하였고, 또 「民生의 意義(의의)를 힘쓰고, 귀신을 敬遠(경원)하면 知者라고 말할 수 있다.(樊遲問知. 子曰: "務民之義, 敬鬼神而遠之, 可謂知矣." -雍也)」고 하였다. 孔子는 神(신)을 섬기거나 神을 알라고 하지 않고, 먼저 사람을 사랑하고 사람을 알라고 하였다. 다시 말하면 사람을 사랑할 수 없는 사람이 어떻게 神을 사랑할 수 있으며, 사람을 모르는 사람이 어떻게 神을 알겠느냐고 하는 것이다. 요점은 實生(실생)의 윤리적 의의를 알고, 神을 敬而遠之(경이원지)할 줄 아는 사람이 비로소 知者(지자)가 될 수 있다는 것이다.

論語精選 38

子曰:「知者樂水, 仁者樂山. 知者動, 仁者靜.
자 왈 지 자 요 수 인 자 요 산 지 자 동 인 자 정

知者樂. 仁者壽.」 (雍也 第二十一)
지 자 락 인 자 수

孔子께서 말씀하시기를「슬기로운 사람(智者)은 물을 좋아하고, 어진 사람(仁者)은 산을 좋아한다. 슬기로운 사람은 동적(動的)이고, 어진 사람은 정적(靜的)이다. 슬기로운 사람은 즐기고, 어진 사람은 수(壽)를 누린다.」라고 하셨다.

漢字

知(알 지) 樂(좋아할 요) 水(물 수) 仁(어질 인)
山(뫼 산) 動(움직일 동) 靜(고요할 정) 樂(즐거울 락)
壽(목숨 수)

註釋

1) 知(지) : 여기서의 '知'는 '智(슬기 지)' 자와 같은 의미로 쓰였다.
2) 樂(요) : 본래 '악기'를 나타내는 명사에서, 음악을 들으니 즐겁다는 의미(즐거울 낙)로 확대되어 쓰였고, 이어서 '좋아하다', '즐기다(좋아할 요)'의 의미로 쓰이는 글자다.

論議

(一)

지혜로운 사람은 사리에 밝아 물이 흐르듯 막힘이 없으므로 물을 좋아한다고 한 것이다. 또한 지적 욕구를 충족하기 위하여 돌아다니기를 좋아하며, 그러한 것들을 즐기며 산다. 이에 비하여 어진 사람은 의리를 중히 여겨 그 중후함이 산과 같으므로 산을 좋아한다고 하였다. 또 어진 사람은 대부분 고요한 성격이며, 집착하는 것이 없어 오래 산다는 것이다. 樂山樂水(요산요수)의 원래의 뜻은 이와 같으나, 오늘날에는 보통 산수의 경치를 좋아하는 것을 비유하는 말로 사용 된다.

(二)

예로부터 선비들이 "지자요수(知者樂水) 인자요산(仁者樂山)"을 君子(군자)의 德目(덕목)으로 삼은 것은, 산은 언제나 그 모습 그대로 그 자리에 있어도, 나는 새들이 모여들고, 달리던 짐승들이 깃들이고, 바람과 구름이 자유로이 오가는 사통팔달이고, 스스로 겸손하여 낮은 곳을 찾아 쉼 없이 흐르면서, 세상 온갖 더럽고 흐린 물을 싫다않고 받아들여 맑게 정화시켜 모든 생명들의 피와 젖이 되게 하며, 마침내 바다로 이어지는 물은 군자의 상징이며, 성군(聖君)이 갖추어야 할 제일의 덕목이기 때문이었다.

(三)

孔子家語(공자가어)에 다음과 같은 이야기가 있다: "哀公(애공)이 공자에게 묻는다. 지혜로운 사람과 인자하고 후덕한 사람 가운데 누가 장수합니까?" 공자는 말한다: "사람의 죽음은 세 종류가 있습니다. 자신이 절제를 못한 병사(病死)가 있고요, 죄를 범하고 죽는 형살(刑殺)이 있으며, 전쟁통에 싸우다 죽는 병살(兵殺)이 있는데, 이 모두가 非命(비명)에 죽는 것이지요. 덕을 갖춘 어진사람은 행동에 절제가 있고, 도리에 맞게 행동하고 지나침이 없지요! 그래서 그들은 長壽(장수)를 누리는 것이 당연한 이치가 아닐까요?"

論語精選 39

子曰:「觚不觚, 觚哉! 觚哉!」 (雍也 第二十三)
자 왈 고불고 고재 고재

孔子께서 말씀하시기를「고에 모가 없다면, 고이겠는가! 고이겠는가!」라고 하셨다.

註釋

1) 觚(고): 제사나 의식에 쓰는 술잔의 이름이다. 위쪽은 원형이고, 아래쪽은 사각의 모를 이루고 있다고 한다. 또는 위아래가 모두 사각으로 만들어져 있었다고 한다. 공자는 이 술을 담는 술그릇이 고대의 모습과 같지 않아 유명무실(有名無實)함을 빌어, 당시 군주의 도(道)가 없어짐을 은근히 개탄하고 있다.
2) 哉(재): 고대 중국어에서 의문이나 감탄문 또는 반어문에서 흔히 쓰이는 어기조사이다.

論議

"각술잔이 각지지 않으면 그게 각술잔인가?(觚不觚, 觚哉! 觚哉!)" 공자의 탄식이다. 본디 사각으로 만든 술잔을 '각술잔'(觚)이라 불렀는데, 멋대로 둥글게 만들면서도 이를 그대로 각술잔이라 부르는 세태를 아쉬워한 것이다. 제사용 각술잔의 정확한 용도는 전해오지 않는다. 다만 술잔에 정교한 도철(饕餮)

무늬를 조각한 걸 보면, 관리의 탐욕을 경계했음을 짐작할 수 있다. 도(饕)는 재물을, 철(餮)은 먹을 걸 탐하는 괴물이다. 이들은 재물과 음식을 너무도 탐해 자기 몸뚱이까지 먹어치우고 머리와 아가리만 남은 존재들이다. 출토 유물을 보면, 각이 살아 있는 각술잔에는 도철의 머리와 아가리가 제대로 새겨져 있지만, 둥글게 바뀐 각술잔엔 도철무늬 가 장식으로 변질됐다. 각술잔에서 도철무늬가 뭉개지면서, 본디 무언가 경계하려 한 의도도 함께 사라졌음을 알 수 있다. 예나 지금이나 중요한 걸 엿 바꿔 먹어버려 본질을 훼손시키는 이들이 세상을 어지럽힌다.

이미 둥글게 변한 각술잔

공자는 각술잔의 이름과 실질이 괴리된 현실을 개탄하며, 정치를 하면 먼저 이름을 바로잡겠다고 했다. "군주는 군주다워야 하고, 신하는 신하다워야 한다(君君, 臣臣)."는 게 그의 정명(正名) 이론이다. 맹자는 여기서 한 걸음 더 나아가, 만약 군주가 군주답지 못하면 그는 일개 졸장부에 지나지 않으므로 몰아내야 한다는 혁명론을 주장한다. 대학에서 이 대목을 강의한 뒤 받은 리포트에서 적지 않은 학생들이 세월호 사태를 언급하며 "선장이 선장답지 않았기 때문에 참극이 벌어졌다"고 썼다. 어찌 배의 선장뿐이겠는가. 온 나라 사람들을 집단 우울증에 빠지게 만든 사태에 대해 나라의 최고 통수권자가 책임을 통감하지 못한다면, 이건 대통령이 대통령답지 않은, 매우 비교육적인 사태가 아닌가. <맹자>를 보면 "홍수를 다스린 우임금은 세상에 물에 빠져 죽은 사람을 보면 마치 자기가 그를 물에 빠져 죽게 한 것처럼 여겼다(禹思天下有溺者, 由己溺之也.)"고 했다. 또 "농사를 가르친 후직은 세상에 굶주리는 이가 있으면, 마치 자기가 그를 굶주리게 한 것처럼 여겼다(稷思天下有飢者, 由己飢之也.)"고 썼다. 책임 있는 지도자란 적어도 이런 태도를 가진 이들을 말한다.

한겨레 사설 (2014.04.28.) 이상수 철학자

論語 精選 40

子貢曰:「如有博施於民, 而能濟衆, 如何? 可
자 공 왈 여 유 박 시 어 민 이 능 제 중 여 하 가
謂仁乎? 子曰: 何事於仁? 必也聖乎! 堯舜其
위 인 호 자 왈 하 사 어 인 필 야 성 호 요 순 기
猶病諸. 夫仁者, 己欲立而立人. 己欲達而達
유 병 저 부 인 자 기 욕 립 이 립 인 기 욕 달 이 달
人. 能近取譬, 可謂仁之方也已.」 (雍也 第二十八)
인 능 근 취 비 가 위 인 지 방 야 이

子貢이 물었다:「만약 백성들에게 널리 베풀고, 많은 사람들을 구제할 수 있다면 어떻겠습니까? 仁이라 해도 되겠습니까? 어찌 인(仁)이라고만 하겠느냐? 그것은 성덕(聖德)이라 할 것이다. 堯임금과 舜임금께서도 그리하지 못하셨음을 걱정하셨다. 무릇 仁이란 내가 일어서고 싶다면 남도 일어서게 해주고, 내가 이루고 싶다면 남도 이루게 하는 것이다. 내 입장을 비추어 남의 입장을 알아줄 수 있음이 바로 仁을 실천하는 방법이라고 하겠다.」

漢字

博(넓을 박)	施(베풀 시)	濟(구제할 제)	衆(무리 중)
夫(발어사 부)	己(자기 기)	欲(하고자할 욕)	立(설 립)
達(다다를 달)	能(능할 능)	近(가까울 근)	取(취할 취)

譬(알다 비)　　方(방법 방)　　已(이미 이)　　諸(어조사 저)

註釋

1) 濟(제): 구제(救濟)하다, 즉 '어려운 상황에 처해 있는 사람을 도와주다'의 의미를 가지다.

2) 何事於仁(하사어인): 여기서의 '何'는 '무엇'이라는 의미이다. '於'는 동사 '되다'의 의미로, 전체적으로 「(그것이 仁이 아니면)어떤 일이 '仁'이 된다는 말인가?」라고 해석이 된다.

3) 諸(저): '모든', '여러'이라고 할 때는 '제'로 읽지만, '조사'나 '之於(지어)', '之乎(지호)'로 쓰이는 경우 '저'라고 읽는다. 중국어에서 '之於'나 '지호'를 빨리 읽으면 '諸(저)'가 된다. '之乎'에서 '之'는 대명사이고, '乎'는 의문 등을 나타내는 어조사이다. '堯舜其猶病諸'는 '堯舜其猶病之乎'이다 즉 '堯舜 그 두 분도 오히려 그것(널리 베풀고, 많은 사람들을 구제하는 행위)을 걱정하셨다.)'의 의미를 가진다. '病'은 '질병'의 의미가 아니고 '걱정하다'의 의미로 쓰였다.

4) 能近取譬(능근취비): '나를 통해 남을 비춰 볼 줄 안다'의 의미이다. '近'은 '가깝다'의 뜻이므로, '가까운 자신'이라고 확대해석할 수 있고, '譬'는 '깨우치다', '알다'의 의미로 쓰였다. '자기 처지로부터 남의 처지를 유추해 내다' 또는 '가까이(近) 자기 자신이 원하는 것을 취하여(取), 이를 통해 다른 사람들이 원하는 것을 미루어 알(譬) 수 있다(能)' 등으로 해석하기도 한다. '譬'는 또 '비유하다'의 의미를 가지므로, '자기 자신을 예를 들어서, 즉 자신의 처지를 미루어 다른 사람의 형편을 헤아려서 仁을 실천하는 방법이다.'라고 전체를 해석할 수도 있다.

5) 也已(야이): 이이의(而已矣)와 같이 강조를 나타내는 종결어 미다. '… 일뿐이다' 등으로 해석된다.

論議

공자에게 경영을 묻다

공자, 말씀하셨다. "직장(位)이 없음을 근심할 것이 아니요, 전문가(立)가 되지 못함을 근심할 일이다. 또 남이 나를 알아주지 않는다고 근심할 까닭이 없고, 내가 남에게 알려질 만한 것을 찾아야 할 일이다(子曰, "不患無位, 患所以立. 不患莫己知, 求爲可知也."). (논어, 4:14)

남의 구미에 맞도록 나를 만들 일이 아니라(즉 '채용'되기 위해 안달할 것이 아니라) 내가 세운 '나의 길'에 매진해 그 분야 전문가가 되면 그에 합당한 자리가 자연히 생겨나게 마련이라는 것이다(끝내는 '초빙'된다는 뜻). 그러니 나를 알아달라고, 내게 자리를 달라고 남에게 '껄떡댈' 것이 아니라 내가 바라는 공부, 내가 원하는 일에 매진해 전문가 되기가 우선이라는 것이다. 공자는 허기를 무릅쓰고 우선 전문가가 되기 위해 필요한 지식과 정보가 무엇인지를 찾아가는 주체적인 인간, 자기 인생을 제 스스로 주도하는 인간이 되기를 권한다.

기업은 '인간'을 원한다. - 2500년 전 불우한 청소년기를 지나며 평생을 생존의 불안에 떨었던 공자이기에 오늘날 '88만원 세대'와 또 '비정년'의 불안에 시달리는 젊은이들의 처지에 누구보다 공감할 테다. 끝내 인생의 끝자락 70대에 이르러(공자는

73세에 죽었다) "제 마음대로 따라도 경우에 어긋나지 않는(從心所欲, 不踰矩)". (논어, 2:4) 성인의 경지에 도달했다니, 공자는 오늘날 불안한 이 땅 청년들의 미래에 대해 귀감이 될 만한 조언을 할 수 있으리라.

시대의 변화에 따라 오늘날 기업의 요구조건도 많이 변한 듯하다. 옛날에는 어떤 분야든 전문적 지식을 갖춘 '인재'를 요구하더니 이제는 사회적 관계, 남과 함께 더불어 살 줄 아는 '인간'을 요구하는 듯하다. 경영계에서는 이렇게 말한다.

"요즘 기업은 원만한 대인관계, 원활한 의사소통 능력, 철저한 자기관리 능력을 가진 인재를 원한다. 팀워크가 중요하기 때문이다. 대학에서 전문적인 지식뿐만 아니라 이런 소양을 가진 졸업생을 배출해줬으면 좋겠다."(김영배, 한국경영자총협회 부회장)

그런데 이 인용문에 들어 있는 현대 기업의 요구조건 세 가지, 즉 ① 원만한 대인관계 ② 원활한 의사소통 ③ 철저한 자기관리는 곧 공자 사상의 핵심어 인(仁)의 구성성분들이다. '仁'이라는 글자 자체가 '두 사람(二人)'으로 이뤄져 있고, 두 사람 사이의 소통이야말로 '仁의 내용물인 까닭이다. 그렇다면 오늘날 청년들에게 공자가 조언할 첫 번째 내용은 상대방과 더불어 살기에 대한 기술일 것이다.

오늘날 한국 땅에서 점증하는 이기주의와 독선적인 세태에 대해 공자는 크게 염려할 것이다. 공자의 염려는 이렇게 요약할 수 있으리라. '고독은 인간을 짐승으로 타락시키는 질병이다.' 인간과 짐승의 가장 큰 차이는 '더불어 사는 기술'을 가졌는가, 아닌가에 달려 있다고 공자는 보기 때문이다. 그러므로 공자는 '인'을 다음과 같이 정의한다.

"인(仁)이란 내가 이룬 것은 남도 함께 이루도록 해주고, 내가 아는 것은 남에게도 알려줘 함께 하는 것이지. 내 주변에서 '함께 하기'를 실천할 수 있다면 그게 '인'을 이루는 방법인 게지(夫仁者, 己欲立而立人, 己欲達而達人. 能近取譬, 可謂仁之方也已.)". (논어, 6:28)

仁을 이루는 방법- 물론 남과 더불어 살기 위해서라도 나의 '자립'이 앞장을 선다. 앎이든 돈이든 내가 가진 게 없다면 남에게 베푼다는 것은 불가능할 것이므로. 가령 학습의 즐거움을 내가 느끼지 못하고서야 어찌 남과 더불어 즐거워할 수 있을까. 그러니 '인'을 위한 첫 번째 조건은 자립한 사람이 되는 것이다. 그 다음에야 내가 획득한 즐거움을 나 혼자 독점하지 않고 주변 사람과 비로소 더불어 나누겠다고 손길을 내밀 수 있다. 이 손길에 '인'이 있을 따름이라는 것이다.

그러니까 유엔 사무총장이나 대통령이 되어 빈민을 구제하는 그런 큰 사랑이 아니라, 내가 아프리카 사람이라면 그 이웃에서부터, 또 내가 중국인이라면 또 그 주변 사람에게 베푸는 것이 '인'일 따름이다. 잊지 말아야 한다. 공자의 사랑(인)이란 오로지 주변의 이웃, 상대방과 '더불어 함'에 깃든다는 사실을. 즉 함께 나누는 손길은 저 먼 데 사람에게 미치기 전에, 혹은 어마어마한 일을 통해서가 아니라 고작 '내 주변에' 있는 사람들과 그 고민을 함께 해결하려는 노력으로부터 시작된다는 점에 주목해야 한다. 내가 획득한 기쁨과 즐거움을 주변 사람들과 '함께 나누기', 이것이 인(사랑)일 뿐이다.

(신동아 2010.12.01 통권 615호)

述而篇(술이편)

論語 精選 41

子曰:「默而識之, 學而不厭, 誨人不倦, 何有
자 왈 묵 이 지 지 학 이 불 염 회 인 불 권 하 유
於我哉!」 (述而 第二)
어 아 재

孔子께서 말씀하시기를「묵묵히 알아두고, 배우기를 싫어하지 않으며, 남들을 가르쳐 일깨우는 일을 게을리 하거나 고달프지 않았다. 그밖에 다른 (자랑할) 일이 나에게 있겠는가?」라고 하셨다.

漢字

默(조용할 묵) 識(표할 지) 學(배울 학) 厭(싫을 염)
誨(가르칠 염) 倦(게으를 권) 何(어디 하) 哉(어조사 재)

註釋

1) 默(묵): '조용하다'의 의미로 '말없이 공손하고 조용히 하다'로 새길 수 있다.
2) 識(지): 일반적으로 '知識(지식)', '常識(상식)' '알다', '판별하다' 등으로 쓰이는데, 여기서는 '記(기록하다)' 자의 의미로 '기록하여 새

기다', '기억하다' 등의 의미로 쓰인다. 그러므로 여기서의 '識'은 '식'이 아닌 '지'로 읽어야 한다.

3) 厭(염): 원뜻은 '고기(犬)'를 많이 먹어서 '만족'하다의 의미를 가지다. 그러므로 '不厭'은 '만족을 못하다'의 의미이다. 또 고기를 너무 먹어 누린내가 올라오기 때문에 '역겹다', '싫다'의 의미로 확장되어 쓰인 글자다. 厭世(염세) 厭症(염증; 싫증)

4) 誨(회): 가르쳐(教) 깨우치게 한다(訓)는 뜻으로 유(諭: 깨우치다. 인도하다)와도 통한다.

4) 何有於我哉(하유어아재): '何有'는 '有何'가 도치된 것이다. 옛날의 중국어는 의문대명사가 목적어일 경우, 일반적으로 동사 앞으로 도치시키는 버릇이 있다. '何有於我哉'는 '於我有何哉'인데, 혹자는 '그밖에 다른 일이 나에게 있겠는가?' 또는 '나한테 그일 외에 또 무엇이 있겠는가? (무엇을 자랑하겠는가)' 등의 다양한 해석을 하고 있음을 볼 수 있다.

論議

教學相長(교학상장)

教學相長(교학상장)은 '스승은 학생에게 가르침으로써 성장하고, 제자는 배움으로써 발전한다'는 의미이다.

예기(禮記) 학기(學記)'편에 다음과 같은 내용이 있다. "좋은 안주가 있다고 하더라도 먹어 보지 않으면 그 맛을 알 수 없다. 또한 지극한 진리가 있다고 해도 배우지 않으면 그것이 왜 좋은지 알지 못한다. 이러한 까닭에 배워 본 이후에 자기의 부족함을 알 수 있으며, 가르친 후에야 비로소 부족함을 안다.

부족함을 알고, 자신을 되돌아보고, 부족함을 알기에 비로소 자기 자신을 독촉하여 앞으로 나아가는 것이다. 그러기에 가르치고 배우면서 더불어 성장한다고 하는 것이다"라고 하였다.

수유가효 불식부지기지야 수유지도 불학부지기선야 시
雖有佳肴, 弗食不知其旨也; 雖有至道, 不學不知其善也. 是
고학연후지부족 교연후지곤 지부족 연후능자반야 지곤
故學然後知不足, 教然後知困.知不足, 然後能自反也; 知困,
연후자강야 고왈 교학상장야
然後自强也. 故曰: 教學相長也.

論語精選 42

子曰:「德之不修, 學之不講, 聞義不能徙, 不善不能改, 是吾憂也.」
자왈 덕지불수 학지불강 문의불능사 불선불능개 시오우야

(述而 第三)

孔子께서 말씀하시기를 「덕을 닦지 못함과 학문을 익히지도 못하였고, 義를 듣고도 옮기지 못한 것과 不善한 것을 고치지 못하는 것이 근심이다.」라고 하셨다.

漢字

德(큰 덕) 修(닦을 수) 講(익힐 강) 聞(들을 문)
義(옳을 의) 改(고칠 개) 徙(옮길 사) 改(고칠 개)
是(이것 시) 吾(나 오) 憂(근심할 우)

註釋

1) 講(강): '강'은 '말하다', '설명하다' 등의 의미를 가지만, '어떤 방면에 치중하다', '연구하다' 등의 의미로 쓰이기도 한다.

2) 德之不修(덕지불수): 본래의 어순은 '不修德(덕을 닦지 않는다)'이나, 목적어 '德'을 강조하고자 동사 앞으로 옮겼다.

3) 徙(사): 우리는 '집을 이사(移徙)하다'라는 말을 쓰는데, '徙'는 '移(옮길 이)'나 '遷(옮길 천)' 자와 같은 의미로 '옮겨가는 것'을 말한다. 그래서 '義를 듣고도 옮기지 못하다' 등으로 새기는 것이다. 또한 '徙'는 '고치다', '변화하다'의 의미로도 쓰이는데, '刻舟求劍

(각주구검)'에서 '시대는 변했는데 법은 바뀌지 않았다, 예전의 법으로 나라를 다스리는 것은 어려운 것이다(時已徙矣, 而法不徙, 以此爲治, 豈不難哉?)'에서의 '徙'가 그렇다. 그렇다면 '義'를 듣고도 義로 고치지 못하고, 변화시키지 않는다.)라고도 해석된다.

論議

본문에서 '德', '學', '義'는 모두가 동사 뒤에 놓이는 목적어인데, 앞으로 당겨놓는 것은 강조하기 위함이다. 즉 '不修德', '不講學', '不能徙義', '不能改不善'이다. 주어는 생략이 되었는데, 孔子 자신인 '我(나 자신)'를 넣어도 되고, 아니면 孔子가 자신의 제자에게 '너희는 덕을 닦지 않고, 공부도 하지 않고, 義를 좇아 바꾸지 아니하고, 악한 마음을 고치지 않는 이 모든 것을 나는 항상 걱정한다.'라고 새길 수도 있을 것이다. 이 말의 주어는 孔子인가 아니면 孔子의 제자들인가는 생각하기 나름일 것이다. 또는 '우리 모두'가 될 수도 있을 것이다.

論語(논어) 顔淵(안연)에 '主忠信(주충신), 徙義(사의), 崇德也(숭덕야)'라는 말이 있다. 何晏(하안)은 '徙義'에 대해 '생각을 바꿔 따르다(思意而改之)'라고 설명하고 있다. 그렇다면 '聞義不能徙', 즉 '聞義不能徙義'는 '義를 듣고도 생각이나 행동이 고쳐지지 않는다.'라는 의미도 통할 것이다.

論語精選 43

子曰: 「富而可求也, 雖執鞭之士, 吾亦爲之;
자 왈　부 이 가 구 야　수 집 편 지 사　오 역 위 지

如不可求, 從吾所好.」 (述而 第十一)
여 불 가 구　종 오 소 호

孔子께서 말씀하시기를: 「富가 만일 구한다고 얻어질 수 있는 것이라면 비록 채찍을 잡는 형편없는 노릇이라도 내 또한 택하겠지만, 만일 구하여 얻어질 수 없는 것이라면 내가 좋아하는 바를 따를 것이다.」라고 하셨다.

漢字

富(부유할 부)　求(구할 구)　雖(비록 수)　執(잡을 집
鞭(채찍 편)　爲(할 위)　如(같은 여)　從(좇을 종)
所(바 소)　好(좋아할 호)

註釋

1) 而(이): '말 이을 이', 즉 일반적으로 말과 말을 잇는 접속사로 많이 쓰이나, 여기서는 뒤의 '如不可求(만약 그렇게 해서라도 富를 구할 수 없다면)'에서의 '如' 자와 대구를 이루어졌기 때문에, 여기서 가정의 접속사와 '如'와 같이 '而' 자는 '만약에 … 라면'으로 새겨야 한다.

2) 執鞭之士(집편지사): 채찍을 들고 수레를 모는 비천한 신분의 사람을 말함이다.

3) 爲之(위지): 여기서의 '之'는 대명사로 '執鞭之士'를 말한다. 즉 내가 富를 취할 수만 있으면 천하 '執鞭之士'라고 '할(爲) 것이다'의 의미이다.

4) 從吾所好(종오소호): 의롭지 못한 방법으로 富를 얻을 수 없다면 난 포기하고 '내가 좋아하는 것을 좇을 것이다.'의 의미이다.

論議

공자는 재물을 갖고 싶다고 하여 가질 수 있다면 비록 손에 채찍을 드는 비천한 직업의 일을 한다 하더라도 했을 것이다. 그러나 재물과 재산들을 갖고 싶다고 해서 가질 수 없는 것임을 너무도 잘 알기에 또 '의롭지 못하면서 부(富)하고 게다가 귀한 것은 나에게는 뜬구름 같은 것(不義富且貴, 於我如浮雲 -술이편)'이니, 애시당초 포기했는지도 모를 일이다.

구한다고 얻어지는 것이 아니기 때문에 헛된 꿈을 쫓는 것보다는 차라리 자신이 좋아하는 것을 즐기면서 살겠다는 말이다. 바른 길을 벗어나면서까지 구차하게 부를 추구하지 않고, 권력을 탐하지 않고 정정당당하게 살아가겠다는 결연한 의지의 표현인 것이다.

論語精選 44

子曰:「飯疏食飮水, 曲肱而枕之, 樂亦在其中
자 왈 반 소 사 음 수 곡 굉 이 침 지 낙 역 재 기 중

矣. 不義而富且貴, 於我如浮雲.」 (述而 第十五)
의 불 의 이 부 차 귀 어 아 여 부 운

孔子께서 말씀하시기를 「거친 밥을 먹고 맹물을 마시고 팔을 굽혀 베고 누웠어도 즐거움이 또한 그 가운데에 있다. 의롭지 못하면서 부하고 게다가 귀한 생활을 하는 것은 나에게는 뜬구름 같은 것이다.」라고 하셨다.

漢字

飯(먹을 반)	疏(거칠 소)	食(먹거리 사)	飮(마실 음)
曲(굽힐 곡)	肱(팔굽 굉)	枕(베개 침)	樂(즐거울 락)
亦(또 역)	在(있을 재)	中(가운데 중)	疏(트일 소)

註釋

1) 疏食(소사): 여기서의 '食'는 '먹다'의 '식(食)'이 아니라 명사 '먹거리'의 의미로 '사(食)'로, '소사(疏食)'는 '좋은 것이나 잘 차린 것이 없는 거친 음식. 또는 변변치 못한 음식. 고기나 생선반찬이 없는 밥'을 말함이다. '疏'는 '트이다', '세밀하지 못하다'와 '거칠다' 등의 의미로 쓰여 이에 '疏食'는 '거친 음식'이라고 풀이된다. '疏'는 '蔬(푸성귀 소)' 자와 소리가 같아서 '蔬食', 즉 '채소반찬 뿐인 밥'으로 해석하기도 한다.

2) 浮雲(부운): 글자 그대로 '뜬구름'인데, 덧없는 세상일을 비유적으로 이르는 말로 많이 쓰인다.

論議

고위공직자들에 대한 검증절차가 도입이 되면서 많은 것들을 생각하게 해준다. 정당과 개인의 이해에 따라 그 기준이 다르겠지만, 그러나 어찌되었던 관직으로 출세하려는 사람은 자신들이 공직에 있으면서 최소한 어떻게 처신을 해야 하는지를 가르쳐주고 있다.

인간 욕망의 마지막 단계인 이름 내기에서 불행하게도 소유와 과시 단계의 행적에 발목을 잡히는 경우가 허다하다. 그렇게도 꿈꾸던 높은 자리를 눈앞에 두고 부의 축적 과정, 비리와 불법에 연루된 출세 과정이 하나씩 드러나 주저앉는 경우를 볼 수 있다. 잘 살고 잘 먹고 여유를 부리고 사는 것을 싫어하는 사람도 있는가? 오죽하면 공자도 돈 많은 부자가 된다면 마차를 모는 마부라도 되겠다고 하지 않았던가? 그러나 원한다고 다 부자가 되는 것이 아니기 때문에 차라리 떳떳하게 살면서 자신이 좋아하는 야구장이나 가서 율동에 맞춰 응원을 하면서 즐거움을 찾을 것이다.

거친 밥을 먹고 맹물을 마시고 팔을 굽혀 베고 누워 청승을 떨라는 말이 아니고, 비록 거친 밥을 먹고 맹물을 마시더라도 자신이 좋아하는 바를 즐기고, 의롭지 못한 부를 축적하여 하루아침에 폐가망신을 당하지 말라는 그러한 의미일 것이다.

論語精選 45

子不語: 怪力亂神. (述而 第二十)
자 불 어 괴 력 란 신

孔子는 怪異(괴이)·暴力(폭력)·亂動(난동)·鬼神(귀신)에 관해서 말씀을 아니하셨다.

註釋

1) 怪(괴): 괴이한 일. 정상적인 것과는 상반되는 것.
2) 力(역): 전설 속의 믿을 수 없는 초인간적인 힘이나 폭력을 말함.
3) 亂(난): 신하가 임금을, 아들이 아버지를 해치는 질서의 파괴와 같은 일상생활에서 윤리가 파괴되는 일.
4) 神(신): 귀신이나 맹목적인 미신에 관한 일.

論議

'(망국 100년) 조선과 중국의 관계 ①'에서 발췌

유가(儒家) 사상은 현대인에게 현실주의적이라는 평을 많이 듣는다. 공자가 죽음 이후에 관해서나 초월적 현상(怪力亂神)에 대해 이야기하기 꺼린 점도 많이 거론되지만, 사회 질서의 원리를 제시하는 방향에서 유가(儒家) 사상의 현실주의적 특성이 가장 분명히 나타난다.

묵가(墨家)에서 말한 박애정신(兼愛: 겸애)을 유가(儒家)에서는 배격한다. 사랑하고 아끼는 마음이 가까운 대상일수록 더 강하게 나타나는 자연스러운 성정을 제대로 존중해야 사회의 질서가 잘 지켜질 수 있다는 것이다. 질서의 안정성을 중시한다는 점에서 타당성이 있는 관점이다.

평등(平等)에 대해서도 유가(儒家)는 현실적 한계를 둔다. 군자(君子)와 소인(小人)이 후세에는 도덕적 포폄(褒貶)의 표현이 되었지만, 공자 당시에는 정치사회적 신분의 표시였다. 유가(儒家)는 신분을 타파할 것이 아니라 신분에 맞는 도덕적 기준에 따를 것을 제창했다. 우리가 요즘 말하는 서양식 '노블레스 오블리주'는 사회 질서의 보완적 요소 정도로 생각되는 것인데, 유가 사상에서는 신분과 도덕성의 함수관계가 사회 질서의 기본 틀이었던 것이다.

자유-평등-박애를 숭상하는 근대인은 유가 사상을 미개하고 봉건적(封建的)인 것으로 볼 수 있다. 그러나 유가 사상을 '현실주의'로 보는 근대인의 시각이 '이상주의'에 치우친 점을 반성할 필요가 있다고 나는 생각한다. 사회정치 질서는 많은 사람의 행복과 불행, 삶과 죽음이 걸려 있는 것이다. 조심스러운 현실주의적 접근이 타당한 것이다. 자유-평등-박애를 마치 제 호주머니에 넣어 놓기라도 한 듯이 과거의 '현실주의' 사상체계를 깔보는 근대인의 오만은 착각과 도취에서 나온 것이라고 나는 생각한다. (생략) 김기협 역사학자 (프레시안 2010월 3월 2일)

論語精選 46

子曰:「三人行, 必有我師焉. 擇其善者而從
자왈 삼인행 필유아사언 택기선자이종

之, 其不善者而改之.」 (述而 第二十一)
지 기불선자이개지

孔子께서 말씀하시기를「세 사람이 길을 가면 반드시 그 중에 나의 스승이 있다. 그 善한 것을 가려서 따르고, 그 善하지 않는 것은 거울삼아 나의 허물을 고칠 것이다.」라고 하셨다.

註釋

1) 焉(언): '於是', '於之', '于此'의 의미를 가지고 하는 합음(合音)의 글자로, '是'는 앞의 '三人'을 가리킨다. 그래서 '焉'은 '이 세 사람 중에'로 해석되거나, '그 중'이라고 해석된다.
2) 改之(개지): 자신의 잘못을 고치다. 자신을 바로 잡다.

泰伯篇(태백편)

論語 精選 47

子曰:「恭而無禮則勞, 愼而無禮則葸, 勇而無禮則亂, 直而無禮則絞. 君子篤於親, 則民興於仁; 故舊不遺則民不偸.」 (泰伯 第二)

자왈 공이무례즉로 신이무례즉사 용이무례즉난 직이무례즉교 군자독어친 즉민흥어인 고구불유즉민불투

孔子는 말씀하시기를「공손한데 예의로서 절제하지 않으면 수고롭기만 하게 되고(공손함의 의미가 없어지고), 신중한데 예의를 갖추지 않으면 두려움을 줄 수 있고, 용감한 사람이 예의를 갖추지 없으면 난폭하게 보이고, 정직한데 예의가 없으면 박절하게 된다. 군자(권력자)가 친척에게 후덕하게 대하면 백성들 사이에 어진 기풍이 일어나고, 옛 친구를 버리지 않으면 백성들이 각박해지지 않는다.」라고 하셨다.

漢字

恭(공손할 공) 禮(예도 예) 勞(일할 노) 愼(삼갈 신)
葸(두려워할 사) 勇(날쌜 용) 亂(어지러울 난) 直(곧을 직)

註釋

1) 葸(사): 두려워하다. 겁을 먹다.

2) 絞(교): 박절하다. "絞"는 "목을 매다", "묶다", "엄하다" 등의 의미를 가지므로, 여기서는 "남을 괴롭히다", "찌르다" 등으로 해석되어야 할 것이다. 즉 "곧고 정직하지만, 예가 동반되지 않는다면 남을 괴롭히는 결과를 초래한다"는 의미인 것이다.

3) 君子(군자): 여기서는 "民" 대비되므로, 다스리는 사람, 즉 지배계급을 말함이다.

4) 篤(독): 厚德(후덕)하게 대하다. 즉 일가친척에게 후하게 대접하다.

5) 興於仁(흥어인): 仁이 흥한다. 즉 백성들이 어질게 된다.

6) 故舊(고구): 옛 친구들.

7) 遺(유): 버리다. 잊다.

8) 偸(투): "훔치다", "가볍다"의 의미를 가진 글자인데, 여기서는 "담박(淡薄)하다"의 의미로, "사람과 사람 사이가 야박해지다" 등으로 풀이한다.

論議

공자는 「사람은 예를 지켜, 예로써 모든 행동을 절제해야 비로소 그 행위가 정당하고 폐단이 없게 된다. 만일에 공경하기만 하고 예로써 절제할 줄을 모르면 스스로를 낮추어 남에게 아양 떠는 결과만 낳게 되어 헛수고가 될 뿐이고, 만일에 신중하기만 하고 예로써 절제할 줄을 모르면 조심스레 두리번거리기만 하여 겁쟁이만 될 뿐이고, 만일 용감하기만 하고 예로써 절제할 줄을 모르면 한쪽으로 치우쳐 신랄함이 될 뿐이다. 윗자리에서 군중을 영도하는 사람이 만일 심후한 감정으로 일가친척을 대접하면 백성들은 곧 소문을 듣고서 날로 인자해지고, 두터운 덕행을 일으킬 것이다. 만일 옛날에 사귀던 벗들을 버리지 않으면 백성들은 감화되어 사람을 가벼이 대접하지 아니하고 풍속도 자연히 돈후해 질 것이다.」라고 하여 행동에 예로 절제함이 있어야 정당하고 폐단이 없어짐을 강조하는 한편 관직에 있는 군자는 돈후한 덕으로 사람을 대하고 몸소 모범이 됨으로써 백성들을 잘 인도할 수 있다고 설명하고 있다.

朱註今譯 論語 (김도련 역주, 玄音社)

論語精選 48

曾子曰: 「士不可以不弘毅, 任重而道遠. 仁以
증 자 왈　사 불 가 이 불 홍 의　임 중 이 도 원　인 이
爲己任, 不亦重乎? 死而後已, 不亦遠乎.」
위 기 임　불 역 중 호　사 이 후 이　불 역 원 호

(泰伯 第七)

曾子가 말하기를 「선비는 뜻이 크고 의지가 강인하지 않으면 안 된다, 책임은 무겁고 길은 멀기 때문이다. 仁을 자신의 책무로 삼았으니 이 또한 무겁지 않은가? 죽은 다음에 끝나니 이 또한 멀지 않은가?」라고 하였다.

漢字

弘(넓을 홍)　毅(굳셀 의)　任(맡길 임)　重(무거울 중)
遠(멀 원)　亦(또한 역)　後(뒤 후)　死(죽을 사)

註釋

1) 弘毅(홍의): '弘'은 넓은 마음을 뜻하며, '毅' 강인한 의지를 나타낸다.
2) 已(이): 말다. 멈추다.

論語 精選 49

子曰:「篤信好學, 守死善道. 危邦不入, 亂邦
자왈 독신호학 수사선도 위방불입 난방

不居. 天下有道則見, 無道則隱. 邦有道, 貧且
불거 천하유도즉현 무도즉은 방유도 빈차

賤焉, 恥也. 邦無道, 富且貴焉, 恥也.」
천언 치야 방무도 부차귀언 치야

(泰伯 第十三)

孔子가 말씀하시기를「독실하게 믿고 배우기를 좋아하며 죽음으로 지켜 도를 구현할지니라. 위태로운 나라에는 들어가지 말고, 어지러운 나라에서 살지 않으며, 천하에 올바른 도가 행해지면 나타나 일하고, 천하에 올바른 도가 행해지지 않으면 은거(隱居)를 한다. 나라에 올바른 도가 행해지는데 가난하고 미천하다면 부끄러워해야 할 일이고, 나라에 올바른 도가 행해지지 않는데도 부자가 되거나 귀하게 된다면 이 또한 부끄러운 것이다.」라고 하셨다.

漢字

篤(도타울 독) 信(믿을 신) 守(지킬 수) 死(죽음 사)
危(위태할 위) 邦(나라 방) 亂(어지러울 란) 居(살 거)
見(드러날 현) 隱(숨을 은) 貧(가난할 빈) 且(또 차)
賤(천할 천) 恥(부끄러워할 치)

註釋

1) 篤信(독신): 독실한 믿음을 지님. 다산(茶山)은 도를 믿는 정성을 돈독히 하여 공부하기 좋아하는 것이라고 했다.
2) 守死善道(수사선도): 茶山은 죽을 때까지 변하지 않는 굳은 뜻을 지켜서 선을 닦는 것이라고 했다.
3) 危亂(위란): 「신하가 임금을 시해하고(臣弑君), 자식이 아비를 시해(子弑父)하는 亂(난)이다. 이러한 亂(난)의 조짐이 보이는 것이 '危(위)'다」라는 해석을 볼 수 있다.
4) 見(見): 나타나다. 드러나다. "現(현)"과 같은 의미를 지닌다. 벼슬길에 나아가다.

論議

'깊고 힘이 있음'이 '篤(독)'이므로, 독신(篤信)은 '신념이 도탑다'이다. 그러므로 '篤信好學'은 자신이 배우고 있는 학문에 대하여 확고한 신념을 가지고 배우는 것이다. 자신의 길이 이것이고, 자신이 선택한 전공이 이것이라고 생각이 되면 흔들림 없이 좋아하고 연마해서 한 분야의 전문가가 되고, 장인이 되라는 소리다.

'守死(사수)'는 '죽음으로서 지키다'이고, '善道(선도)'는 '자신이 추구하는 바를 온전하게 하다'의 의미이므로, '守死善道'는 죽을 때가지 자신의 분야를, 자신이 그토록 좋아하는 것을 최고의 것으로 만들라는 소리일 것이다. 흔들림 없이 추구하고, 최고의 경지에 이르도록 목숨을 걸고 이뤄내고 지키라는 소리다.

전쟁이 나고 혼란한 틈을 타서, 아니면 남의 불행을 이용하여 재산을 불리고, 나라를 팔아 일신의 영달을 위한 다면, 먼 훗날 역사에서는 매국노나 날강도였다고 만고에 그 이름이 빛날 것이다. 아마도 세세손손 부끄럽고 창피를 당할 것이다. 이것이 바로 '邦無道, 富且貴, 恥也(나라에 올바른 도가 행해지지 않는데도 부자가 되거나 귀하게 된다면 이 또한 부끄러운 것이다)'이다.

지금 우리의 나라는 단군이래로 가장 잘 살고, 물질적으로 매우 풍요로운 시대를 구가하고 있다는 것이다. 그렇다고 가난한 사람이 없고, 헐벗고 굶주린 사람이 없는 것도 아니다. 다만 '邦有道(나라에 올바른 도가 행해지는데)'한데, 즉 나라가 나름대로 질서가 있고 대체적으로 풍요로운데, 이른바 배웠다는 사람들이 정신적으로 타락하여, 아니면 청문회에서 만신창이가 되어 도덕적으로 폐인이 되었다면(貧且賤; 가난하고 미천하다면), 이 또한 부끄러운 일인 것이다(恥也).

나라의 경제가 반석위에 섰는데도 바르게 이끌지 못하고 인정이 말라가고, 천박함이 성행한다면 부끄러운 일이고, 나라가 어지러운데 바르게 세우지 못하고 도리어 자신의 욕심만 채우려고 한다면 이 또한 배운 사람으로서 부끄러운 일이므로, 그래서 증자(曾子)는 '士不可以不弘毅, 任重而道遠. 仁以爲己任, 不亦重乎! 死而後已, 不亦遠乎!'(선비는 뜻이 크고 강인하지 않으면 안 된다. 그 임무가 무겁고 길이 멀기 때문이다. 仁 으로 자신의 임무를 삼으니 무겁지 아니한가! 죽은 뒤에야 그칠 것이니, 또한 멀지 아니한가!)라고 했는지도 모르겠다.

子罕篇(자한편)

論語精選 50

子曰:「譬如爲山, 未成一簣, 止, 吾止也; 譬如
자 왈　비 여 위 산　미 성 일 궤　지　오 지 야　비 여
平地, 雖覆一簣, 進, 吾往也.」 (子罕 第十八)
평 지　수 복 일 궤　진　오 왕 야

孔子가 말씀하시기를「비유하건대 산을 쌓아올리다가 흙 한 삼태기가 모자라는 데서 그만 두었다 치더라도 나 자신이 중지한 것이다. 비유하건데 땅을 고르는데 비록 한 삼태기의 흙을 부어 진전이 되었다면 그것도 나 자신이 앞으로 나아간 것이다.」라고 하셨다.

註釋

1) 譬(비): 비유. 비유를 들다.
2) 簣(궤): 대나무로 만든 삼태기.
3) 平地(평지): 흙으로 땅을 메워 평평하게 하다. 혹은 "평지에 흙을 쌓아 山을 만들다"로 풀이하기도 한다.
4) 覆(복): 여기서는 흙을 갖다 붓는다는 의미로 쓰였다. (覆: 뒤집히다)
5) 往(왕): 가다. 발전하다.

論議

공자는 「학문을 하는 것은 마치 흙을 쌓아서 하나의 산을 만드는 것과 같아서 한 삼태기가 모자라는 상태에서 만일 그를 그만 두었다 하더라도, 이것은 자기가 정지해 버린 것이다. 또 흙을 쌓아 산을 평평하게 만드는 것과 같아서 비록 한 삼태기가 흙만을 쏟았다고 하더라도 만일에 계속 진행만 한다면 이것도 자기가 노력한 것이다.」라고 하여 흙을 쌓아 산을 만드는 것을 비유로 하여 학문의 성패는 자기에게 달려있음을 강조하고 있다. 朱註今譯 論語 (김도련 역주, 玄音社)

51

子曰:「後生可畏, 焉知來者之不如今也?
자왈　　후생가외　언지래자지불여금야
四十五十而無聞焉, 斯亦不足畏也已.」
사십오십이무문언　사역부족외야이

(子罕 第二十二)

孔子가 말씀하시기를「後生(후배들)이 가히 두려울 것이니, 앞으로 그들이 지금의 우리만 못하다고 할 수 있겠는가? 그러나 사십 오십이 되어도 이름이 알려지지 않는다면 이 또한 두려울 것은 못된다.」라고 하셨다.

漢字

後(뒤 후)	畏(두려워할 외)	焉(어찌 언)	斯(이것 사)
今(이제 금)	無(없을 무)	聞(들을 문)	亦(도한 역)

註釋

1) 後生(후생): 나중에 태어난 사람, 즉 젊은 후배.
2) 來者(내자): 장래. 뒤에 '今'은 '지금', '오늘'이므로, 여기서의 '來者'는 '後生들의 장래'의 의미를 가진다고 보았다.
3) 無聞(무문): 학문이나 명성이 세상에 들어나지 않음. '聞'은 '세상에 이름이 나다'의 의미이다.

論議

자기보다 먼저 태어나서 지식과 덕망이 나중에 태어난 자기보다 뛰어난 사람이 선생(先生)이고, 자기보다 뒤에 태어난 사람, 즉 후배에 해당하는 사람이 후생(後生)이다. 그런데 이 후생은 장래에 무한한 가능성을 가지고 있으므로 가히 두려운 존재라는 것이다.

여기서 '외(畏)'는 '敬畏(경외)' 즉 '몸 둘 바를 모를 정도로 존경하다'의 의미이다. 뒤에 태어난 사람인 후배들에게 무한한 기대를 걸고 한 말이다. 그들의 장래가 어디까지 뻗어나갈지 알 수 없는 기대가 섞인 두려움인 것이다. 지금의 나보다도 더 뛰어난 학문적 성과를 올릴 수 있기 때문이다.

그러나 만일 젊어서 노력을 하지 않아 나이가 사오십이 되도록 학문이나 덕으로서 이름이 세상에 드러나지 않는다면 경외할 가치도 없다고 한 것은, 후배들에게 아니 젊었을 때 학문에 힘쓰고 열심히 정진하라고 격려하는 말이다.

先進篇(선진편)

論語精選 52

季路問事鬼神, 子曰:「未能事人, 焉能事鬼?」
계 로 문 사 귀 신 자 왈 미 능 사 인 언 능 사 귀

曰:「敢問死.」曰:「未知生, 焉知死.」
왈 감 문 사 왈 미 지 생 언 지 사

(先進 第十二)

季路가 귀신 섬기는 것을 물으니, 공자가 말씀하시기를 「아직 사람을 섬기지도 못하는데 어떻게 귀신을 섬길 수 있겠느냐?」라고 하였다. 「감히 죽음에 대해 묻습니다.」라고 하자, 공자는 말씀하시기를 「아직 삶을 알지 못하는데 어떻게 죽음을 알겠느냐?」라고 하셨다.

漢字

季(막내 계) 路 (길 로) 事(일 사) 鬼(귀신 귀)
神(귀신 신) 焉(어찌 언) 敢(감히 감)

論議

공자는 제자의 물음에 대답을 하지 않은 것이 아니다. '너희는 살아 있는 사람도 제대로 섬기는 도리도 모르면서, 어찌 귀신을 섬기는 도리를 알라고 하는가?'의 반문이다. 그러므로 주자(朱子) 주(注)에서 정자(程子)는 다음과 같이 말을 하고 있다: 「낮과 밤은 사생(死生)의 도(道)이다. 삶의 도(道)를 알면 죽음의 도(道)를 알고, 사람을 섬기는 도(道)를 다하면 귀신 섬기는 도(道)도 다 할 수 있다. 사(死)와 생(生), 그리고 인(人)과 귀신(鬼神)은 하나이자 둘이요, 둘이자 하나인 것이다. 혹은 「부자(夫子)가 자로(子路)에게 고하지 않았다.」 말하지만 이것이 바로 깊게 일러 준 것임을 몰라서다.」

顔淵篇(안연편)

論語精選 53

顔淵問仁. 子曰: 「克己復禮爲仁. 一日 克己
안 연 문 인 자 왈 극 기 복 례 위 인 일 일 극 기

復禮, 天下歸仁焉. 爲仁由己, 而由人乎哉?」
복 례 천 하 귀 인 언 위 인 유 기 이 유 인 호 재

顔淵曰: 「請問其目.」 子曰: 「非禮勿視, 非禮
안 연 왈 청 문 기 목 자 왈 비 례 물 시 비 례

勿聽, 非禮勿言, 非禮勿動.」 顔淵曰: 「回雖不
물 청 비 례 물 언 비 례 물 동 안 연 왈 회 수 불

敏, 請事斯語矣.」 (顔淵 第一)
민 청 사 사 어 의

顔淵이 仁자에 대해 물으니, 공자는 말씀하시기를 「자기(私慾: 사욕)를 이겨내고 禮(예)를 회복하는 것이 仁을 하는 것이다. 하루라도 자기를 이겨내고 예를 회복하면 천하가 仁으로 돌아갈 것이다. 仁을 하는 것은 자기로부터 비롯되는 것이지 남으로부터 비롯되는 것이겠는가?」라고 하셨다. 顔淵이 말하기를 「그 조목을 하나하나 듣고 싶습니다.」라고 하자, 공자는 말씀하시기를 「禮가 아니면 보지 말며, 禮가 아니면 듣지 말며, 禮가 아니면 말하지 말며, 禮가 행동하지 않는 것이다.」 顔淵은 말하기를 「제가 비록 민첩하지는 않으나 이 말씀을 실천하

도록 하겠습니다.」라고 하였다.

漢字

顔(얼굴 안)	淵 (못 연)	克(이길 극)	復(돌아올 복)
歸(돌아갈 귀)	聽(들을 청)	目(눈 목)	非(아닐 비)
動(움직일 동)	雖(비록 수)	敏(총명할 민)	請(청할 청)

註釋

1) 克己復禮(극기복례): 자기의 사욕이나 딴 생각을 극복하고, 禮로 돌아가다.
2) 歸仁(귀인): 여기서의 '歸' 자를 '칭찬하다(稱仁)'로 해석됨을 볼 수 있다. 즉 '천하의 모든 이들이 仁人이라고 칭찬하다'의 의미이다.
3) 由己(유기): 자기로 말미암아. 자기에게 달려 있다.
4) 其目(기목): 그 세목(細目). 인을 행하는 자세한 조건들.
   *目(눈동자 목, 조목 목, 이름 목, 우두머리 목)
5) 不敏(불민): 빠르지 못하다. 아둔하다.
6) 事(사): 종사하다. 실천하다.

論議

경제성장보다는 극기복례(克己復禮)가 더 절실하다

보는 관계에는 예(禮)가 바로서야 질서가 잡히고 행복해질 수 있다. 서로 거리낄 것이 없는 부부간에도 지켜야 할 예가 있다. 조직 구성원간이나 부모 자식간, 친구간에도 예가 필요하다. 최소한의 배려와 믿음, 존중과 공경이 사라지면 혼란과 무질서로 모두가 불행해진다. '자살 1위 공화국'에 반인륜적 파렴치한 뉴스들을 접할 때마다 경제성장보다는 극기복례(克己復禮)가 더 절실하고 필요한 것이 아닌가 생각된다. 사리사욕과 탐욕, 충동과 감정을 극복하고 예(禮)를 회복해야 한다.

'보릿고개 넘기가 태산 넘기보다 어렵다'고 할 정도로 먹고 살기 힘든 시절이 있었다. 먹여주고 재워만 줘도 그 집의 허드렛일을 내일처럼 열심히 도와주었다. 피죽으로 연명하던 그 시절에도 자살을 하거나 굶어 죽는 사람은 없었다. 나그네가 오면 재워주고 먹여주고 노잣돈까지 줘서 보냈다. 마을에 아픈 사람이 있으면 쌀이며 찬거리를 가져다줬다. 넘쳐서 나누는 것이 아니라 없지만 나눌 줄 알았다. 먹거리는 부족해도 마음만은 풍족했다. 그러나 요즈음은 돈과 이권만 따지지 동식물들도 지키는 예를 인간만이 지키지 않는다. 풍요로워 보여도 개개인은 고통에 신음하고 있고 경쟁에 이긴 사람들조차 우울증에 시달린다. 예보다는 돈만을 앞세워 왔기 때문이다.

민들레는 강인한 생명력을 갖고 있다. 바위에 자리를 잡던지 수레에 짓밟히건 환경을 탓하지 않고 꿋꿋하게 생존한다. 뿌리를 캐어 며칠 동안 볕에 내어놓은 후에 심어도 심지어 뿌리를 난도질하여 심어도 싹이 돋아난다. 이렇듯 거칠게 자라지만 예절을 안다. 한 뿌리에서 여러 송이의 꽃을 피우는데 동시에 피는 법이 없다. 한 꽃대가 피고 진후에야 다음 꽃대가 핀다. 장유유서(長幼有序)의 예절이 있다. 국화는 늦가을 서리를 맞으면서 피어난다. 모든 화초들은 '추상(秋霜)' 앞에 고개를 숙이고 무릎을 꿇는다. 오직 국화만이 불굴의 기백으로 고결함을 유지한다. 국화는 오상고절(傲霜高節)의 기개를 가졌지만 다른 꽃들에게 차례를 다 양보하고 늦게 피어난다. 그 겸양지덕은 군자의 추앙을 받기에 부족함이 없다. 예를 아는 국화는 눈으로 보는 꽃이 아니라 마음으로 느끼는 순결 그 자체이다.

'삼지례(三枝禮)'란 말이 있다. 비둘기는 가지에 앉을 때 절대 어미 새와 같은 가지에 앉지 않는다. 어미 새가 앉은 가지로부터 세 단계 낮은 가지에 앉아 부모에 대한 예를 표한다. 맹수인 사자도 배부르면 더 이상 사냥을 하지 않는다. 다른 동물의 먹이를 탐하지도 않고 먹다 남은 먹이를 자신만을 위해 따로 감추어두지도 않는다. 적정량을 먹고 나면 다른 동물들을 위한 식량으로 남겨둔다. 사자가 남긴 먹이는 밀림을 살찌운다. 사자는 무모한 살생을 하지 않으며 적절한 공존을 도모한다. 배불러도 사냥을 계속하려는 탐욕은 인간 세상에만 있다.

동물이건 식물이건 모두 예를 지키며 공존한다. 동식물만도 못한 사람이 되어서는 아니 된다. 선진국이라고 자부하기에 앞서 돈보다는 사람을 중시하고 예(禮)를 회복해 가야 한다. 지금 우리에게 정말 필요한 것이 무엇인지 백범 김구 선생님의 '나의 소원'으로 대신한다.

"나는 우리나라가 세계에서 가장 아름다운 나라가 되기를 원한다. 가장 부강한 나라가 되기를 원하는 것은 아니다. 내가 남의 침략에 가슴이 아팠으니, 내 나라가 남을 침략하는 것을 원치 아니한다. 우리의 부력(富力)은 우리의 생활을 풍족히 할 만하고, 우리의 강력(强力)은 남의 침략을 막을 만하면 족하다. 오직 한없이 가지고 싶은 것은 높은 문화의 힘이다. 문화의 힘은 우리 자신을 행복하게 하고, 나아가서 남에게 행복을 주겠기 때문이다. 지금 인류에게 부족한 것은 무력도 아니오, 경제력도 아니다. 자연과학의 힘은 아무리 많아도 좋으나, 인류 전체로 보면 현재의 자연과학만 가지고도 편안히 살아가기에 넉넉하다. 인류가 현재에 불행한 근본 이유는 인의(仁義)가 부족하고, 자비가 부족하고, 사랑이 부족한 때문이다. 이 마음만 발달이 되면 현재의 물질력으로 20억이 다 편안히 살아갈 수 있을 것이다. 인류의 이 정신을 배양하는 것은 오직 문화이다. 나는 우리나라가 남의 것을 모방하는 나라가 되지 말고, 이러한 높고 새로운 문화의 근원이 되고, 목표가 되고, 모범이 되기를 원한다. 그래서 진정한 세계의 평화가 우리나라에서, 우리나라로 말미암아서 세계에 실현되기를 원한다."

(독서신문 2013.02.13.) 황태영 수필가

論語 精選 54

司馬牛憂曰:「人皆有兄弟, 我獨亡.」子夏
사 마 우 우 왈 인 개 유 형 제 아 독 무 자 하
曰:「商聞之矣: 死生有命, 富貴在天. 君子敬
왈 상 문 지 의 사 생 유 명 부 귀 재 천 군 자 경
而無失, 與人恭而有禮. 四海之內, 皆兄弟也,
이 무 실 여 인 공 이 유 례 사 해 지 내 개 형 제 야
君子何患乎無兄弟也?」 (顔淵 第五)
군 자 하 환 호 무 형 제 야

司馬牛가 근심하여 말하기를 「남들은 모두 형제가 있는데 나만 형제가 없습니다.」라고 하였다. 子夏가 말하기를 「이런 말을 들은 적이 있습니다. "생사는 하늘에 달려 있고 부귀도 하늘에 달렸다 합니다." 군자는 근엄하되 방종하지 않으며, 남을 대할 때 공경하며 예를 지키니 이렇게 하면 세상의 모든 사람이 나의 형제가 아니겠습니까? 군자가 어찌 형제가 없다고 근심을 한단 말입니까?」라고 하였다.

漢字

憂(근심할 우) 皆(모두 개) 獨(홀로 독) 富(넉넉할 부)
貴(귀할 귀) 與(더물여 여) 恭(공손할공) 患(걱정할 환)

註釋

1) 司馬牛(사마우): 司馬遷(사마천)의 史記(사기)에 의하면 司馬牛는 공자를 죽이려 했던 司馬桓魋(사마환퇴)의 아우로, 사마우는 형 사마환퇴가 宋(송)나라에서 亂(난)을 일으킬 때 가담하지 않았으나 남몰래 근심하고 탄식했다. 형이 난에 연루가 되어 형제가 없는 것이나 다름없다고 탄식한 것이다.
2) 憂(우): 근심하다. 걱정하다.
3) 亡(망): 여기서는 '없다'의 의미를 가진 '無(무)' 자의 의미를 가진다. 따라서 '망'이라고 세기는 것이 아니라, '무'로 새기고 또 그렇게 해석이 되어야 한다.
4) 商(상): 子夏의 이름이다.
5) 無失(무실): 過失(과실)이 없다는 말로, 아래의 有禮와 짝을 이룬다.
6) 與人(여인): '남과 교제하다'의 의미이다.
7) 四海之內(사해지내): '온 천하 사람'이라는 뜻이다.

論語精選 55

子貢問政, 子曰:「足食, 足兵, 民信之矣.」
자공문정 자왈 족식 족병 민신지의

子貢曰:「必不得已而去, 於斯三者何先?」
자공왈 필부득이이거 어사삼자하선

曰:「去兵.」子貢曰:「必不得已而去, 於斯二
왈 거병 자공왈 필부득이이거 어사이

者何先?」曰:「去食, 自古皆有死, 民無信不
자하선 왈 거식 자고개유사 민무신불

立.」
립

(顔淵 第七)

子貢이 정치에 대해 물으니, 孔子는 말씀하시기를「먹을 것이 풍족하고, 군비가 충족하고 백성들이 조정을 믿는 것이다.」라고 하셨다. 子貢이 말하기를「부득이 버려야 한다면 이 세 가지 중 어느 것이 먼저입니까?」라고 하니, 말씀하시기를「軍備(군비)를 먼저 버려야 한다.」라고 하셨다. 子貢이 말하기를「꼭 부득이 버려야 한다면 이 두 가지 중 어느 것이 먼저입니까?」라고 하니, 말씀하시기를「食(식)을 버려야 한다. 예로부터 죽음은 있기 마련이지만 백성들이 믿지 않으면 나라가 존립할 수 없다.」라고 하셨다.

漢字

政(정사 정)	足(풍족할 족)	食(밥 식)	兵(군사 병)
得(얻을 득)	何(무엇 하)	先(먼저 선)	去(갈 거)
皆(모두 개)	斯(이것 사)		

註釋

1) 足兵(족병): 軍備(군비)가 충족하다. '兵'은 '兵士(병사)', '兵器(병기)' 등의 의미로 많이 쓰이나, 여기서는 전시에 필요한 물자를 말함이다.

2) 於斯三者(어사삼자): '於'는 '在'로 '~에서'의 의미이고, '斯'는 '이것'이라고 새기는 대명사이므로, 전체는 '이 셋 가운데에서'로 해석할 수 있다.

論議

생전 처음으로 신용카드를 발급받고 무척이나 신기해 한 적이 있었다. 주머니에 당장은 돈이 없어도 물건을 살 수 있고, 식당에서 밥을 먹을 수 있다니 말이다. 그런데 문제는 자신의 경제력을 무시하고 시세말로 마구 긁어버리면 신용불량자가 되어 사회에서 낙오자가 되고 만다.

현대는 신용사회다. 가정이든 친구든 아니면 기업이든 모든 사람이 죽을 때가지 지켜져야 할 덕목이다. 특히 국가가 백성들에게 믿음을 주지 못하고 힘으로만 밀어붙이고 무력으로 해결하려고 한다면 내부적인 갈등과 대립이 늘어 사회 통합을 이룰 수 없을 뿐만 아니라 국제 사회에서 조차 신뢰를 받지 못하는 결과를 낳게 되고, 결국은 한 나라가 망하는 지경까지 가게 된다.

우리는 이미 믿음의 힘이 얼마나 위대한지를 나라 전체가 경험했다. 1997년 우리나라는 외환보유고가 바닥난 상태로 국가부도위기에 처하여 국제통화기금에 자금지원을 받은 이른바 IMF경제위기를 겪었다. 우리나라 경제 활동 인구의 1/5이 넘는 수가 하루아침에 백수가 되어 버리는 등의 우리나라는 커다란 혼란에 빠졌다. 우리는 극복할 수 있다는 믿음 하나로 '금모으기운동' 등을 전개하여 단 몇 일만에 227톤의 엄청난 양의 금을 모으는 세계가 놀라는 우리의 저력을 보여주었다. 온 국민이 극복할 수 있다는 신념과 노력의 결과로 IMF사태는 해결되고 극단으로 치닫던 경제상황도 차츰 안정을 찾는 등, 마침내 2001년 8월에 IMF구제금융 195억을 상환하고 IMF관리체제 종료를 선언한다. IMF관리체제를 단기간에 극복한 사례는 대한민국 단 한 나라뿐이다. 온 국민이 국가에 대해서 신뢰가 없고, 믿음이 없었다면 아직도 우리는 고통으로 신음하고 후진국으로 후퇴하고 말았을 것이다.

군대가 없는 스위스는 1인당 소득이 8만$로 세계 4위다. 반대로 세계 최빈국 중의 하나인 부탄왕국의 1인당 국민소득은 2천$이 조금 넘는 수준인데 행복지수가 세계 1위이다. 군대가 없다고 그 누구도 그 나라를 넘보지 못하고, 풍족하지 못하더라도 그 나라 국민은 행복한 것이다. 공자의 말씀대로 죽음은 언제나 있어왔다. 그러나 백성들의 신뢰가 없으면 국가의 존립이 불가능하고, 백성에게 믿음이 없으면 살아갈 희망을 잃게 된다.

우리와 같이 배운 사람들이 올바른 사고와 행동으로 사회의 모범을 보일 때 우리가 살아가는 사회는 서로를 신뢰하고 행복하게 살아갈 수 있는 것이다. 만일 그렇지 못한다면 사회적 갈등만 가중되어 국가 발전은 그만두고라도 나라의 존립이 문제가 될 것이다.

論語 精選 56

齊景公問政於孔子. 孔子對曰:「君君臣臣父父子子.」公曰:「善哉! 信如君不君, 臣不臣, 父不父, 子不子; 雖有粟, 吾得而食諸.
제경공문정어공자 공자대왈 군군신신부부자자 공왈 선재 신여군불군 신불신 부불부 자부자 수유속 오득이식저

(顔淵 第十一)

제(齊)나라 景公이 공자에게 정치에 대하여 묻자, 공자께서 대답하셨다.「임금은 임금답고, 신하는 신하다우며, 아버지는 아버지답고, 자식은 자식다워야 합니다.」景公이 말하였다.「좋은 말씀이오! 진실로 임금이 임금답지 않고, 신하는 신하답지 않으며, 아버지는 아버지답지 않고, 자식은 자식답지 않다면, 비록 곡식이 있다 해도 내가 그것을 먹고 지낼 수가 있겠소?」

漢字

景(볕 경) 公(벼슬 공) 對(대답할 대) 善(좋을 선)
雖(비록 수) 粟(조 속) 得(얻을 득) 諸(이조사 저)

註釋

1) 齊景公(제경공): 齊나라 임금. 이름은 저구(杵臼).

2) 君君(군군): 앞 글자는 명사, 뒤의 글자는 동사. 임금이 임금답다, 임금이 임금노릇을 잘하다.

3) 信(신): 진실로, 정말.

4) 粟(속): 좁쌀, 곡식.

5) 得而(득이): '得'은 '能'처럼 동사 앞에서 '…할 수 있다', 즉 조동사로 쓰였다. '得而'는 '可以'의 의미이다. 예를 들면 '不得以(…할 수 없다)'에서 '得以'의 의미와 같다.

6) 諸(제): '之乎', '之於' 등 두 字의 合字. 의문구의 끝에 붙는데, 이런 경우 '諸' 자를 '저'로 읽는다.

論議

朱子는 다음과 같이 설명하고 있다: 「이것은 人道(인도)의 큰 법이며, 나라를 다스리는 政事(정사)의 근본이 된다. 이 시절 景公(경공)이 失政(실정)하였지만 大夫(대부)인 陳氏(진씨)는 나라를 후하게 다스렸다. 景公(경공)은 또 안으로 많은 여자를 두어, 이에 太子(태자)를 세우지 못하였다. 君臣(군신)과 父子(부자) 사이에 임금과 아비의 도리를 잃었으므로, 공자께서 이 말로 告(고)한 것이다.」 공자는 君臣父子(군신부자)의 人倫(인륜)이 정치의 근본임을 말하고 있다.

論語精選 57

子曰:「君子成人之美, 不成人之惡, 小人反是.」
자왈　군자성인지미　불성인지악　소인반시

(顔淵 第十六)

공자는 말씀하시기를「군자는 남의 아름다운 점은 이루어지도록 해 주고, 남의 나쁜 점은 이루지 못하게 하지만, 소인은 이와 반대이다.」라고 하셨다.

漢字

成(이룰 성)　美(아름다울 미)　惡(악할 악)　反(뒤집다 반)
是(이 시)

註釋

1) 成(성): 이룩하다. 완성시키다.
2) 反是(반시): 이와 반대다. '是'는 대명사로 쓰였다.

論語精選 58

樊遲 問仁. 子曰:「愛人.」 問知. 子曰:「知人.」
번 지 문 인 자 왈 애 인 문 지 자 왈 지 인
樊遲 未達. 子曰:「擧直錯諸枉, 能使枉者直.」
번 지 미 달 자 왈 거 직 조 저 왕 능 사 왕 자 직
樊遲退, 見子夏曰:「鄕也, 吾見於夫子而問
번 지 퇴 견 자 하 왈 향 야 오 견 어 부 자 이 문
知, 子曰, '擧直錯諸枉, 能使枉者直', 何謂也?」
지 자 왈 거 직 조 저 왕 능 사 왕 자 직 하 위 야
子夏曰:「富哉言乎! 舜有天下, 選於衆, 擧皐
자 하 왈 부 재 언 호 순 유 천 천 선 어 중 거 고
陶, 不仁者遠矣. 湯有天下, 選於衆, 擧伊尹,
요 불 인 자 원 의 탕 유 천 하 선 어 중 거 이 윤
不仁者遠矣.
불 인 자 원 의

(顔淵 第二十二)

樊遲가 仁에 대해 물으니, 孔子가 말씀하시기를 「사람을 사랑하는 것이다.」라고 하셨다. 知에 대해 물으니, 孔子는 말씀하시기를 「사람을 알아보는 것이다.」라고 하셨다.

樊遲가 알아듣지 못했다. 孔子는 말씀하시기를 「곧은 사람(정직한 사람)을 등용해서 비뚤어진 사람 위에 놓으면 비뚤어진 사람도 곧게 할 수가 있는 것이다.」라고 하셨다.

樊遲가 물러나와 子夏를 보고 말하기를 「조금 전에 내가 선생님을 뵙고서 知에 대하여 여쭙자 선생님께서 '곧은 사람을 등용해서 비뚤어진 사람 위에 놓으면 곧게 할 수가 있다.'

고 하셨는데, 무슨 뜻입니까?」

子夏가 말하기를 「뜻이 넓도다! 그 말씀이여. 순(舜)임금이 천하를 다스릴 적에 많은 사람 중에서 골라 고요(皐陶)를 등용하자 어질지 못한 자들은 떨어졌고, 탕(湯)임금이 천하를 다스릴 적에는 많은 사람 중에서 이윤을 등용하자 어질지 못한 자들이 멀리 사라졌습니다.」라고 하였다.

漢字

愛(사랑 애)	達(통달할 달)	薦(천거할 거)	直(곧을 직)
枉(굽을 왕)	舜(순임금 순)	選(가릴 선)	衆(무리 중)
陶(질그릇 도)	擧(들 거)	遠(멀원)	

註釋

1) 未達(미달): 통달하지 못하다. 잘 알아듣지 못하다.
2) 擧直(거직): 정직한 사람을 등용하다.
3) 錯諸枉(조저왕): 비뚤어진 사람 위에 놓다(앉히다). 錯(조) 자는 여기에서는 "두다"의 의미를 가진 글자로 "措(조) 자"와 뜻이 같다. "枉"은 "굽다"의 의미로 "바르지 못한 사람"을 이른다.
4) 鄕(향): 조금 전. 아까. "嚮(접대, 지난번)" 자와 통용된다.
5) 皐陶(고요): 순임금의 신하로, 법을 다스리는 士(사)였다. '고요'라고 읽는다.
6) 遠(원): '멀어지다'의 의미지만, 여기서는 '도망치다'의 뜻이다.
7) 伊尹(이윤): 탕임금의 재상으로 商(상)의 창업을 도운 공신.

論議

요즘 우리들을 올바르게 이끌어 가야 할 지도자를 선출하려는 청문회가 한창이다. 대법관을 지낸 이는 전관예우를 받아 변호사 개업 5개월 만에 16억 원, 하루에 천만 원의 수입을 올렸다는 의혹이 제기되어 낙마하고 말았다. 참으로 놀라고 또 놀라운 금액이다. 년 봉 2천만 원 월급쟁이가 꼬박 80년을 모아야 하고, 500만 원을 받는 고연봉의 월급쟁이도 15년을 모아야 하는 어마어마한 액수다. 참으로 놀랍다.

청문회 제도에 문제가 있느냐 없는가는 일단은 차후의 문제다. 그래도 인사청문회라는 제도가 시행됨으로서 문제가 있는 사람들이 청문회가 열리기 전에 또는 청문회를 거쳐서 걸러지고 있는 것이다. 인사청문회법이 제정되어 시행된 지 이제 겨우 14년이다. 나름대로 역할과 성과가 있었다고 본다. 이제는 어떠한 사람이 그 자리에 있어야 하는지, 또 그 자리에 앉으려면 처음 사회에 진출해서부터 어떻게 처신하고 몸가짐을 바르게 가져야 하는지도 우리 모두가 깨우쳐가고 있는 것이다. 부와 명예를 동시에 가지고자 하는 시대는 지나갔다.

이렇게 한 세대가 지나가노라면 우리사회는 아니 공직사회는 맑아질 것이다. 그러한 공직자가 백성을 이끌고 신의의 정치를 한다면 공자의 말씀대로 의롭지 못한 사람이 줄어들고 어진 세상에서 우리의 후손들이 참되게 살아가게 되지 않을까?

子路篇(자로편)

論語 精選 59

子貢問曰:「鄕人皆好之, 何如?」子曰:「未可
자 공 문 왈 　 향 인 개 호 지 　 하 여 　 자 왈 　 미 가

也.」「鄕人皆惡之, 何如?」子曰:「未可也, 不
야 　 향 인 개 오 지 　 하 여 　 자 왈 　 미 가 야 　 불

如鄕人之善者好之, 其不善者惡之.」
여 향 인 지 선 자 호 지 　 기 불 선 자 오 지

(子路 第二十四)

子貢이 묻기를 「고을 사람들이 모두 좋아하면 그 사람은 어떻습니까?」라고 하였다. 孔子가 말씀하시기를 「반드시 좋은 사람이라고는 볼 수 없다(好人일 수는 없다).」라고 하였다. 묻기를 「고을 사람들이 모두 미워하면 그 사람은 어떻습니까?」라고 하니, 孔子가 말씀하시기를 「반드시 나쁜 사람이라고 볼 수 없다(惡人일 수도 없다). 고을 사람 중에서 善한 사람은 그를 좋아하고, 善하지 않은 사람은 그를 싫어하는 것만 같지 못하다.」라고 하셨다.

漢字

鄕(마을 향)　皆(모두 개)　何(어찌 하)　惡(미워할 오)

如(같을 여)　　好(좋을 호)　　其(그 기)

論議

좋은 리더는 대중의 말을 가려낸다.

A는 부하직원들의 이름을 철저히 외웠고, 직접 순회하고 부하들을 돌아볼 정도로 인자해 칭찬이 자자했다. 그는 자신의 책임을 완수하는 데 주어진 권력과 결정은 사용하지 않았다. 반면에 성과가 높은 B는 시기와 비난을 많이 받아 수시로 해임을 요구하는 여론이 비등했다. 게다가 근무 시간 중에 술을 마셨다는 익명의 제보까지 들어왔다. 여러분이 인사권자라면 이 두 인물에 대해 어떻게 인사고과를 매기겠는가?

위의 이야기는 바로 미국 남북전쟁 때 링컨 대통령 시절 실화다. A는 조지 매클래런 장군, B는 그랜트 장군 이야기다. 링컨 대통령은 어떻게 했을까? 링컨은 '젊은 나폴레옹'이라 존경받던 매클래런 장군에게 "친애하는 존스 씨. 당신이 부하직원들과의 우정을 잃어버릴까 두려워한다면 그런 두려움을 갖고 있지 않은 사람으로 대체해야 할 것입니다"는 차가운 메모 한 장으로 해고를 통고했다. 반면에 그랜트 장군에겐 "그랜트는 복지부동하지 않고 열심히 싸우니 그를 해임할 수 없다"고 단호히 거절한 후, 북부군 총사령관으로 승진 발령을 냈다. 그러면서 링컨 대통령은 "만약 그랜트 장군이 애용하는 위스키 상표를 알아낼 수 있다면 당신들에게도 그 위스키를 보내겠다"고까지 적극 옹호했다.

우리가 이 이야기에서 타산지석으로 삼을 것은 무엇인가. '대중의 호평과 인기'를 판단의 주요소로 삼으면 안 된다는 점이다. 이는 의사결정뿐 아니라 인사고과에서도 마찬가지다. 공자의 말씀을 들어보자.

子貢問曰, "鄕人皆好之, 何如?" 子曰, "未可也." "鄕人惡皆之, 何如?" 子曰, "未可也, 不如鄕人之善者好之, 其不善者惡之."(자공 문왈 향인계호지 여하? 자왈 미가야. 향인계오지 하여? 자왈 미가야. 불여향인지선자호지, 기불선자오지.) -子路-

자공이 공자에게 물었다. "마을의 모든 사람이 그를 좋아한다면 그 사람은 어떻습니까?" 공자는 "그것만으론 충분치 않다"고 대답하셨다. 그러자 자공이 다시 질문을 바꿔 "마을의 모든 사람으로부터 미움을 받는다면 어떻습니까?" 하고 물어보자 공자는 또한 "그것만으로도 충분치 않다. 마을 사람 중 어진 사람이 좋아하고 어질지 못한 사람이 미워하는 것만 못하다"고 대답하셨다.

요컨대 얼마나 많은 사람이 좋아하느냐의 수적 문제가 아니라 어떤 사람이 좋아하고 싫어하느냐의 질적 요소가 인물 판단의 중요 요소라고 지적한다. 모든 사람에게 사랑받는 사람은 무골호인이며, 양화편에 "향원은 덕의 도적이다"란 말이 나오는데 향원이 바로 그런 사람이라고 비판한다. 일본의 저명한 학자 요시카와 코오지로오(吉川幸次郎)는 이 문단 전반부는 대중은 집단편승하기 쉽고 인물의 평가에도 '동이불화' 하기 쉬운 면이 있다며 대중을 불신하는 뜻이 포함되어 있다고 풀이했다. 공자는 이인편에서도 "오직 어진 자만이 사람을 좋아할 수도, 미워할 수도 있다"고 말한 바 있다.

대중은 선악을 두고 '바람을 타는' 변덕스러운 무리다. 그런 대중이 어떤 한 사람을 좋아한다고 해서 그가 훌륭한 사람이고, 아니라고 해서 그 사람이 나쁜 사람이라고 단정하지 말라. 무리 속에는 선자도, 악자도 있게 마련이다. 열심히 잘하는 사람을 좋아해야 하는 게 '당위'지만 현실에선 반드시 그렇진 않다. 앞서가는 사람을 시기하고 시샘하고 불편해하며 딴죽을 걸고자 한다. 이런 상황에선 오히려 구성원의 시기를 받고 싫어하는 사람이 오히려 인재일 수 있다.

파벌을 지어 옳은 자를 미워하고 자신의 라인 사람들을 밀어주기도 한다. 그러므로 착한 사람이 좋아하는데도 나쁜 사람이 미워하지 않는다면 그것은 오히려 문제가 있다는 지적이다. 왜냐하면 자신의 옳음을 굽혀 구차하게 남의 비위나 맞추는 행실이 있었을 것이기 때문이다. 나쁜 사람이 미워하는데도 착한 사람이 좋아하지 않는다면 좋아할 만한 모습이 없었다는 것이므로 이 또한 문제가 있다.

공자는 "군자는 자기 지조를 지키고 바른길을 갈 뿐, 세상

사람의 호응에 따라 자신의 신념을 굽혀 행동해서는 안 되며, 또 군주는 그런 인물을 중용해야 함"을 말하고 싶었던 것이다. 모든 사람을 기쁘게 해주려면 자기 신념을 굽히고 팔방미인 식으로 처세해야 한다. 그렇지 않고선 '만인의 연인' 형이 되기 힘들다. 따라서 모든 사람이 다 좋아하는 사람은 군자가 아니다. 그런 사람은 시비를 가려 옳은 일을 하는 사람이 아니라 남의 비위를 맞추는 데 뛰어난 사람이기 때문이다. 옳은 일을 하는 사람은 착한 사람에겐 사랑받지만, 그 일 때문에 손해를 입은 사람들에게는 미움을 받게 되는 법이다. (후략)

김성회의 소통리더십(2013년 12월 16일 이코노믹리뷰)

憲問篇(헌문편)

論語精選 60

子曰:「有德者必有言, 有言者不必有德. 仁者必有勇, 勇者不必有仁.」 (憲問 第五)
자왈 유덕자필유언 유언자불필유덕 인자필유용 용자불필유인

孔子는 말씀하시기를「德이 있는 사람은 반드시 가치 있는 말을 잘하지만, 가치 있는 말을 잘 하는 사람이라고 해서 반드시 德이 있는 것은 아니다. 仁한 사람은 반드시 용감하지만, 그러나 용감한 사람이라고 해서 반드시 仁하지는 않다.」

論語 精選 61

子曰:「君子道者三, 我無能焉. 仁者不憂, 知者不惑, 勇者不懼.」子貢曰:「夫子自道也」
자왈 군자도자삼 아무능언 인자불우 지자불혹 용자불구 자공왈 부자자도야

(憲問 第三十)

孔子가 말씀하시기를「군자의 道가 세 가지가 있는데, 나는 그 중에 하나도 잘하는 것이 없다. 인자(仁者)는 근심하지 않고, 지자(知者)는 미혹되지 않고, 용자(勇者)는 두려워하지 않는다.」라고 하셨다. 子貢이 말하기를「이 말은 夫子(부자)께서 자신에게 하시는 말씀이다.」라고 하였다.

漢字

焉(어조사 언) 憂(근심 우) 惑(미혹할 혹) 勇(날쌜 용) 懼(두려워할 구)

論議

史記(사기)에서는 공자를 중도재에 임명한 사람이 정공으로 되어 있으나 이때 정권은 완전히 계환자의 손에 장악되어 있었으므로 계환자에 의해서 공자가 중용되었다는 것이 옳을 것이다.

계환자는 반역자인 양호와 공산불뉴를 몰아내고 내란을 평정한 후 그들에게 협력하기를 거절했던 공자의 바르고 곧은 인격에 감화되었던 것 같다. 그보다도 계환자가 공자를 등용한 첫 번째 이유는 민심을 수습할 필요 때문이었다.

이 무렵 공자는 명망을 떨치고 있었다. 사마천은 이즈음의 공자를 사기에서 다음과 같이 기록하고 있다.

"공자는 시(詩)·서(書)·예(禮)·악(樂)의 연구에 몰두하면서 제자들 가르치기에 열중하고 있었다. 제자들은 점차로 불어났다. 먼 곳으로부터 찾아와 공자의 문하에 드는 제자들도 많았다."

계환자는 이러한 공자를 정치에 끌어들임으로써 민심을 수습할 수 있었을 뿐 아니라 내란을 평정하는데 큰 공을 세운 맹의자(孟懿子)에게 알맞은 행상(行賞)까지 내릴 수 있었던 것이다. 맹의자는 공자의 제자였는데, 그의 이름은 논어에 단 한번 나오고 있다.

"맹의자가 효(孝)에 대해서 물으니 공자께서는 대답하셨다.
'효란(부모의 뜻을) 어기지 않는 것이다.'"

공자의 제자인 맹의자가 내란에서 전공을 세우자 계환자는 맹의자에게 벼슬을 내리려 했는데, 그는 자신보다 스승인 공자에게 내려줄 것을 간언하여 계환자는 일석이조의 호기회를 놓칠 필요가 없어 곧바로 공자를 중도재(中都宰)에 임명하였던 것이다.

공자의 이런 태도는 노자의 태도와 양극단을 이루고 있다. 노자와 공자가 서로 운명적인 상봉을 하고난 후 노자는 적극적으로 소를 타고 함곡관을 지나 세상 밖으로 사라져 버린 것에 비해 공자는 오히려 적극적으로 세상 속으로 뛰어들어 중도재란 벼슬까지 맡게 되는 것이다. 이는 유가의 도와 도가의 도가 근본적으로 다른 극단적인 가치관을 지니고 있기 때문일 것이다.

노자(老子)의 유일한 저서인 '도덕경(道德經)'이 그 첫머리에서부터 도에 대해서 시작하고 있다면 공자도 도에 대해서 강조하고 있다. 심지어 공자는 논어에서 다음과 같이 말하고 있을 정도인 것이다.

"아침에 도에 관해서 알게 된다면 저녁에 죽게 된다 해도 괜찮다(朝聞道夕死可矣)."

도를 깨달을 수 있다면 당장 죽어도 여한이 없다고 강조하고 있는 공자. 그렇다면 공자의 도와 노자의 도는 무엇이 다른가.

공자는 도에 대해서 논어의 곳곳에서 다음과 같이 말을 하고 있다.

"이른바 대신이란 도로써 임금을 섬기다가 안 되면 물러가야 한다(所謂大臣 以道事君 不可則止)."

"나라의 도가 행해지고 있으면 녹을 먹지만 나라의 도가 행해지지 않는데도 녹을 먹는 것은 수치스러운 일이다(邦有道穀

邦無道穀 恥也).”

“군자가 도를 배우면 남을 사랑하게 되고 소인이 도를 배우면 부리기 쉽게 된다(君子學道則愛人 小人學道則易使).”

“군자의 도는 세 가지가 있는데 나는 아직도 그것을 행하지 못하고 있다. 어진 사람은 근심하지 않고, 지혜 있는 사람은 미혹되지 않고, 용감한 사람은 두려워하지 않는 것이다(君子道者三 我無能焉 仁者不憂 知者不惑 勇者不懼).”

(서울신문 2004년 09월 17일)

衛靈公篇(위령공편)

論語 精選 62

子曰:「可與言而不與之言, 失人. 不可與言而
자 왈 가 여 언 이 불 여 지 언 실 인 불 가 여 언 이
與之言, 失言. 知者不失人, 亦不失言.」
여 지 언 실 언 지 자 불 실 인 역 불 실 언

(衛靈公 第七)

孔子는 말씀하시기를「더불어 이야기 할 만한데 말하지 않으면 사람을 잃고, 더불어 이야기할 만하지 못한데 말하면 失言(말의 낭비)을 하게 된다. 지혜 있는 사람은 사람을 잃지 않으면 실언도 하지 않는다.」라고 하셨다.

漢字

可(가히 가)　與(더불어 여)　言(말씀 언)　失(잃을 실)

註釋

1) 失言(실언): 실언하다. 쓸데없는 말이 되다. 그릇된 말이 되다.

論議

말할 수 있고, 말을 해줘야 하는데도 말을 해주지 않으면 친구를 잃게 되는 법이고, 말을 해줘봐야 쇠귀에 경 읽기이고, 말하나 마나한 사람에게 말을 하는 것은 쓸데없는 말이 되는 것이다. 지혜로운 사람은 사람도 잃지 않고, 쓸데없는 말도 하지 않는다. 이 사람이 어떤 사람인가 잘 판단을 할 수 있는 사람이 지혜로운 사람일 것이다. 그러므로 '不患人之不己知, 患不知人也' 이 구절은 '남이 나를, 알아 알아주지 않나 걱정하지 말고, 남을 알아주지 않았는가를 걱정 한다'라는 풀이에서 '남이 나를 잘 판단하고 제대로 평가하고 있는지를 걱정하지 말고, 내가 다른 사람을 잘 알지 못했나, 평가를 잘하고 있는가를 염려 한다'라고 번역하는 것도 가능할 것이다.

論語 精選 63

子曰:「不曰如之何, 如之何者, 吾末如之何也已矣.」
자 왈 불 왈 여 지 하 여 지 하 자 오 말 여 지 하 지 이 의

(衛靈公 第十五)

孔子가 말씀하시기를 「"어떻게 할까? 어떻게 할까?" 하고 말하지 않는 자는 나도 어떻게 할 도리가 없다.」라고 하셨다.

註釋

1) 如之何(여지하): '如何(여하)'는 형편이나 정도를 묻는 '어떠한가?'로 풀이가 되는데, '如之何'의 '之'는 대명사로 '자신에게 봉착된 문제' 즉 '풀어야 할 어떤 일'을 나타낸다. 그러므로 '如之何'는 '이 일을 어떻게 풀어야 하나?'라고 풀이할 수 있을 것이다.
2) 末如之何(말여지하): '末'은 '無(없을 무)' 자로 해석되어, 전체적으로 '어찌할 방법이 없다'로 해석된다.

論議

공자는 「학문이나 어떤 일을 함에 있어 모든 노력을 동원하고 또 '이 일을 어찌해야 하나? 어찌해야 하나?' 하고 고민을 하지 않는 사람에 대해서는 어떻게 그를 깨우치게 할 방법이 없다.」라고 하여, 스스로 근심하고 스스로 창안하여 방법을 찾

아 해 나가는 사람은 도와주고 바른 길로 가도록 할 수는 있지만, 그렇지 않고 노력을 경주하지 않는 자는 어찌할 방법이 없음을 강조하고 있다.

論語 精選 64

子曰:「君子求諸己, 小人求諸人.」 (衛靈公 第二十)
자 왈 군 자 구 저 기 소 인 구 저 인

孔子는 말씀하시기를「군자는 자기에게서 구하고 소인은 남에게서 구한다.」라고 하셨다.

漢字

成(이룰 성) 美(아름다울 미) 惡(악할 악) 反(뒤집다 반)
是(이 시)

論議

내가 하면 로맨스? (변종태 시인)

언젠가 어느 강연에서 들었던 이야기이다. 사람들은 어떤 일을 하고 나서 잘못된 결과가 나오면 그 원인을 다른 누군가에게 전가하고 싶어 하는 심리가 있다. 그래서 다른 사람을 비난하기 위해 손가락질을 한다. 그런데 손가락질 할 때 손의 모양을 자세히 보자. 두 손가락은 상대에게 가 있지만, 세 손가락은 자신을 향해 있다.

다시 말하면 자신의 잘못을 덮기 위해 다른 누군가에게 손가락질을 한다는 것이다. 그렇게 말하면 듣는 사람들의 반응은 똑같다. 다섯 손가락을 다 펴고 상대를 향한다. 이번에도 손의 모양을 유심히 보자. 손가락이 전부 펴져 있으면 '남 탓'하게 되는 게 아니라, 남을 존중하는 제스처가 된다.

동서고금을 막론하고 '남 탓'하는 일은 흔히 있어온 인간의 성정(性情)인가 보다. 논어(論語) 위령공편(衛靈公篇)에 실려 있는 공자의 말씀에도 '군자구저기(君子求諸己)요 소인구저인(小人求諸人)이라'는 말이 있다. '군자는 자신에게서 원인을 찾고, 소인은 다른 사람에게서 원인을 찾는다'는 것이다. 내시반청(內視反聽)이라는 말도 있다. 또한 맹자의 '공손추편'에서는 '발이부중(發而不中) 불원승기자(不怨勝己者) 반구저기이기(反求諸己而已)'라 하여, '활을 쏴 적중하지 않아도 나를 이기는 자를 원망하지 않고 돌이켜서 그 원인을 자기에게서 찾을 따름이다'라는 공손추와 맹자의 대화에서 유래한 이야기도 새겨볼 만하다. 활 탓이라거나, 날씨 탓이라거나 하는 외부적 상황을 원인으로 돌리는 경우가 많다는 것이다.

우리 속담에도 '잘 되면 제 탓, 안 되면 조상 탓'이라는 말이 있고, 서양에도 'Success has many fathers, while failure is an orphan'(성공에게는 아버지가 여럿이지만, 실패에게는 고아뿐이다)이라는 속담이 있는 것을 보면, 누군가를 탓하면 마음이 편해지는 심리는 같은 것인지도 모르겠다.

그런데 요즘 우리나라에서 일어나는 일들을 보면 그 정도가 심해도 너무 심하다는 생각이 든다. 여당과 야당이 서로를 탓하고, 사용자와 노동자가 서로를 탓하고, 진보와 보수가 서로를 탓한다. 그렇게 사람들은 하루에도 몇 번씩 같은 말을 되풀이한다. '누구 때문에, 경제가 어려워서, 정치하는 사람들이 엉망이어서…' 등등

심지어 중고등학교에 다니는 아이들이 시험을 망쳐도 이유는 모두 엄마 아빠에게 있다고 한다. 일찍 깨워 밥 먹여 학교 보내주면 너무 일찍 깨워 잠 부족한 탓, 좀 넉넉히 자라고 두면 안 깨운 탓, 공부하라고 잔소리해도, 믿고 내버려두어도 다 부모의 탓이다. 심지어 수능시험에서 자신의 성적이 적게 나온 것이 시험 감독으로 들어왔던 여교사의 신발 소리 때문이라고 우겨 손해배상 소송을 청구, 법원으로부터 승소한 수험생도 있었다.

심리학에서 말하는, 이른바 '행위자-관찰자 편향(Actor-Observer Bias)'이라는 이론이 있다. 행위자는 자신의 행동을 자신에게 닥쳤던 상황에 의해 설명하지만, 관찰자는 상황보다는 행위자의 성향을 보다 중시해서 설명하는 경향을 이르는 말이다. 자신이 부주의로 넘어지면 덤벙대는 탓이지만, 자신이 넘어진 것은 관리기관에서 도로를 제대로 보수하지 않은 탓이라는 심리이다. 우리 귀에 익숙한 말로 표현하자면, '내가 하면 로맨스, 남이 하면 불륜'이라고 이해하면 쉽다. 똑같은 상황을 두고 남 탓하기보다는 자기 탓으로 돌리고, 문제의 원인을 자

신에게서 찾는다면 많은 것들이 달라질 것이다. 그러기에 자신이 처한 모든 상황과 일의 결과에 대해 가만히 생각해보면 남 탓이 아니라, 내 탓이다. 내가 달라지면 모든 것이 달라지게 마련이다. 내 생각만 바뀌어도 세상은 달라 보인다. 다시 한 번 새겨볼 말이다. 내 탓이오. (제주일보 2013년 12월 23일)

論語 精選 65

子曰:「吾嘗終日不食, 終夜不寢, 以思; 無益,
자 왈 오상종일불식 종야불침 이사 무익

不如學也.」 (衛靈公 第三十)
불여학야

孔子께서 말씀하시기를「난 종일토록 먹지 않고 밤새도록 자지 않으며 사색해 보았지만 유익함이 없었고 배우는 것만 못했다.」라고 하셨다.

漢字

吾(나 오) 嘗(일찍이 상) 終(끝날 종) 食(먹을 식)
夜(밤 야) 寢(잠잘 침) 思(생각할 사) 益(더할 익)
如(같은 여) 學(배울 학)

註釋

1) 以思(이사): "以"는 어기를 바꾸는 접속사이다. "思"는 마음으로 연구하고, "學"은 서적으로 고증하는 것이다. (朱註今譯 論語, 김도련 역주, 玄音社)

論議

요즘 강의 시간에 학생들에게 질문을 하노라면 학생들은 주저 없이 바로 스마트폰으로 검색을 한다. 참으로 편리하고 놀라운 일이다. 모든 사람들 손에는 도서관을 하나씩 가지고 다니니 말이다. 그런데 나는 우리 학생들에게 이렇게 말하고 싶다: 「나는 종일토록 먹지 않고 밤새도록 자지 않으면서 스마트폰으로 검색을 해보았지만, 찾을 때뿐이고 머리에 남지도 않아서 차라리 도서관 책상에 앉아서 책장을 넘기는 것이 낫지 않을까?」라고.

이러다가 밥을 먹을 때도 뭘 먹어야 하는지 심지어는 언제 잠을 자고 돈은 어떻게 벌어야 하는지도 스마트폰에 물어야 할 때가 오지 않을까 걱정이다. 이제는 수업시간만이라도, 근무시간만이라도 잠시 스마트폰을 꺼두는 습관을 가져야 한다. 학교에서 사회에서 그리고 도서관에서 책장을 한 장 한 장 넘기면서 밑줄을 치고, 소리 내어 읽고, 연습장에 낙서도 하면서 배운다는 것은, 경험의 축적이다. 축적된 경험이 올바른 판단을 내리게 하고, 지혜의 원동력이 된다고 본다.

공자의 말씀에 '人能弘道, 非道弘人(인능홍도, 비도홍인)'이라는 말이 있다. 즉 '사람이 道를 넓히는 것이지, 道가 사람을 넓히는 것이 아니다'라는 뜻인데, 이 말을 바꿔서 '사람이 스마트폰을 만들었지, 스마트폰이 사람을 만드는가?'라고 말한다면 어떨까?

季氏篇(계씨편)

論語 精選 66

孔子曰:「侍於君子有三愆. 言未及之而言謂
공 자 왈 시 어 군 자 유 삼 건 언 미 급 지 이 어 위

之躁, 言及之而不言謂之隱, 未見顔色而言謂
지 초 언 급 지 이 불 언 위 지 은 미 견 안 색 이 언 위

之瞽.」
지 고

(季氏 第六)

孔子는 말씀하시기를 「君子를 모시고 이야기를 나눌 때, 세 가지 허물을 저지르기 쉽다. 말할 계제가 되지 않았는데 말을 하는 것은 조급한 것이고, 말할 때가 되어서도 말하지 않는 것은 숙이는 것이고, 안색을 살피지 않고 말하는 것은 눈이 먼 소경과 같다」라고 하셨다.

漢字

侍(모실 시) 愆(허물 건) 躁(성급할 조) 隱(숨을 은)
顔(얼굴 안) 瞽(소경 고)

註釋

1) 言未及之(언미급지): 말이 자기에 미치지 않다. 그가 말할 계제가

되지 못하다.

2) 躁(조): 성급하다. 조급하다. 경망한 것.

3) 瞽(고): 소경. 마음이 어둡다. 눈치가 없다.

論語 精選 67

孔子曰:「生而知之者, 上也; 學而知之者, 次
공 자 왈　생 이 지 지 자　상 야　학 이 지 지 자　차
也; 困而學之, 又其次也. 困而不學, 民斯謂下
야　곤 이 학 지　우 기 차 야　곤 이 불 학　민 사 위 하
矣.」 (季氏 第九)
의

孔子가 말씀하시기를 「태어나면서부터 아는 사람은 상급이요, 배워서 아는 사람은 그 다음이요, 곤란을 당해 배우는 사람은 또 그 다음이다. 곤란을 당했는데도 배우지 않으면 이는 최하등의 사람이다.」라고 하셨다.

漢字

次(버금 차)　困(괴로울 곤)　爲(될 위)

註釋

1) 困而學之(곤이학지): 본래는 학문을 좋아하지 않았는데, 생각이 막히거나 행도의 판단을 못하는 등의 어려움에 당해서 애써 공부를 하고 노력하여 깨닫는 의미.
2) 民斯爲下(민사위하): '民'은 '人' 의미이다. '民斯爲下'은 '斯爲下民'이다. 즉 '(배우지도 않는) 이런 부류(部類)를 최하층의 사람이다'라는 의미이다.

陽貨篇(양화편)

論語精選 68

子曰:「飽食終日, 無所用心, 難矣哉! 不有博奕者乎? 爲之猶賢於已.」 (陽貨 第二十二)

자왈 포식종일 무소용심 난의재 불유박혁자호 위지유현어이

孔子가 말씀하시기를 「배불리 먹고 하루를 마치면서도 마음 쓰는 곳이 없으면 참으로 어렵다. 쌍륙(雙六)이나 바둑이라는 게 있지 아니하냐? 그런 것이라도 하는 게 아무 것도 안 하는 것보다는 나을 것이다.」라고 하셨다.

漢字

飽(배부를 포)	食(먹을 식)	終(끝날 종)	難(어려울 난)
博(넓을 박)	奕(바둑 혁)	猶(오히려 유)	賢(어질 현)

註釋

1) 博奕(박혁): 博奕의 博에 대해 朱子(주자)는 局戲(국희)라고 풀이하고 있다. 일부는 '주사위를 이용하여 놀이하는 雙六(쌍륙)'으로 해석하고 있다. 許愼(허신)의《說文(설문)》에 '博局戲(박국희)'라는 명칭을 볼 수 있다. 아마도 朱子의 '局戲(국희)'로 보인다.《說

文》에 '博局戱六著十二棋也(博局戱는 6개의 주사위와 12개의 말(馬)이다)'라는 설명을 볼 수 있다. 또 '六博棋(육박기)'라는 명칭을 볼 수 있는데, 춘추전국시대를 비롯하여 秦(진)·漢(한) 시대까지도 대단히 유행했던 놀이라고 한다. '쌍륙(雙六)'은 정초나 겨울철에 많이 놀았던 주사위 놀이로, 쌍륙판(雙六板, 말판)과 서른 개의 말(馬) 그리고 두 개의 주사위(骰子)를 가지고 승부를 겨루는 놀이로 대한제국 말기까지 널리 행해졌다는 사전의 설명을 볼 수 있다.

2) 無所用心(무소용심): 마음 쓸 곳이 없다. 즉 '마음을 써서 무엇인가 성취하려고 하지 않다'의 의미이다.

3) 爲之(위지): 그것을 하다. '爲'는 동사로 '놀이를 하다'이고, '之' 바둑과 같은 오락을 말함이다. 즉 '바둑을 두다'이다.

4) 猶賢於已(유형어이): '於'는 '…보다'의 의미를 나타내는 전치사이고, '已'는 '멈추다', '동작을 하지 않다' 등의 동사이다. 즉 '아무것도 하지 아니하고 멍청히 아무것도 하지 않는 것보다 장기라도 두는 것이 오히려 현명하다'의 의미이다.

子張篇(자장편)

論語精選 69

子張曰:「士見危致命, 見得思義, 祭思敬, 喪思哀, 其可已矣.」 (子張 第一)
자장왈 사견위치명 견득사의 제사경 상사애 기가이의

子張이 말하기를 「선비가 위급함을 당하면 목숨을 걸고, 이득을 보게 되면 의로운가를 생각하며, 제사 모실 때는 공손함만을 생각하고, 상사(喪事)에 비통함만을 생각한다면, 선비(士)라고 할 수 있다.」라고 하였다.

漢字

危(위태할 위) 致(보낼 치) 得(얻을 득) 義(옳을 의)
祭(제사 제) 思(생각할 사) 敬(공경할 경) 喪(죽을 상)
哀(슬플 애)

註釋

1) 致命(치명): 목숨을 던지다.
2) 已矣(이의): 어조사.

堯曰篇(요왈편)

論語精選 70

子曰:「不知命無以爲君子也, 不知禮無以立
자 왈　부 지 명 무 이 위 군 자 야　부 지 례 무 이 립

也, 不知言無以知人也.」 (堯曰 第三)
야　부 지 언 무 이 지 인 야

孔子께서 말씀하시기를 「天命(천명)을 알지 못하면 군자가 될 수 없고, 禮를 알지 못하면 입신(立身)할 수가 없고, 말을 알지 못하면 남을 알 수가 없다.」라고 하셨다.

註釋

1) 命(명): 天命(천명). 사명.

2) 立(립): 입신(立身)하다. 사회에서 올바로 처신하는 것.

論議

공자는 「천명(天命)을 이해하지 못하면 君子가 되기에 부족하고, 사람으로서의 예의를 알지 못하면 사회에 나설 수 없고, 다른 사람의 말을 판단하는데 뛰어나지 못하면 타인의 잘잘못과 선과 악을 알지 못한다.」라고 하여, 立命(입명), 安身(안신),

知人(지인) 등 학자의 세 가지 急務(급무)를 들고 있다. 茶山(다산)은 「論語(논어)가 學(학)에서 시작하여 命(명)에서 끝났는데, 이것이 下學上達(하학상달)의 뜻이다.」고 했음.

朱註今譯 論語, 김도련 역주, 玄音社

※ 下學上達: 낮고 쉬운 것을 배워 깊고 어려운 이치를 깨달음.

이육화(李陸禾)

대만 국립정치대학 중문과(문학사)
국민대학교 대학원(문학석사)
중국 산동대학 중문연구소(문학박사)
(현) 광주대학교 중국학과 교수
(현) 중국어문연구회 회장

論語選讀
논어선독

초판 1쇄 발행 _ 2014년 8월 30일

편저자 · 이 육 화
발행인 · 정 현 걸
발　행 · 신 아 사
인　쇄 · 예지인쇄
주　소 · 서울특별시 은평구 통일로 59길 4(2층)
전　화 · (02) 382-6411 팩스 · (02) 382-6401
홈페이지 · www.shinasa.co.kr
E-mail · shinasa@daum.net
출판등록 · 1956년 1월 5일(제9-52호)

ISBN: 978-89-8396-865-4 (93820)

정가 *11,000* 원